젊은
꼰대가
온다

MZ세대와 회식 없이 친해지는 법

젊은 꼰대가 온다

• 이민영 지음 •

CRETA

차례

 # 선 넘는 세대와 선 굿는 세대의 등장

4장 꼰대는 나이 아닌 공감의 문제

5장 지금부터 꼰대 탈출

세대가 공존할 때 꼰대는 사라진다

"지금 나더러 어린애들을 이해하란 말입니까?"

아마도 본인의 입지가 작아지는 느낌을 받아서일까. 교육생 한 분이 약간은 흥분된 어조로 내게 질문한다.

나는 다양한 사람을 위한 교육 콘텐츠를 개발하고 강의하는 HRD 전문가다. 대기업, 공기업, 공무원뿐만 아니라 각종 협회나 조직의 CEO 등 다양한 직업군의 사람들을 만난다. 교육 과정을 개발할 때 가장 중요한 사항은 교육대상자 분석이다. 혁신과 도전은 늘 빠지지 않는 화두였으며, 최근에는 사회 변화에 발맞춰 융

합, 디지털, 연결이라는 화두도 등장했다. 이런 키워드와 함께 대두된 게 바로 '세대'와 '다양성'이다.

많은 기업은 인력의 다양성을 고민했다. 나와 비슷한 사람이 아닌, 서로 다른 사람이 모여야 더욱 시너지를 낼 수 있다는 생각을 차츰 여러 조직에서 하기 시작했다. 처음 기업들이 관심을 두던 다양성의 주제는 '여성 인재'였다. 그러다 Y세대(밀레니얼 세대) 인력의 수가 조직에서 점점 많아지면서 세대 이야기에 귀 기울이기 시작했다.

우리나라는 교육에서도 유행처럼 쏠림현상이 존재한다. "다른 조직에서는 요즘 뭐해요?", "S 전자에서 무슨 교육 하셨어요?"처럼 다른 조직에서 뭘 이야기하는지가 중요하고, "우리 때는 말이야"라는 높은 분들도 참 많다. 정작 우리가 왜 이 세대 교육을 하는지, 나아가 해결책에는 크게 관심이 없는 경우도 많았다. 또 내가 마주하는 교육생들이 변해간다는 것을 20년 동안 느끼고 있다. 어찌 보면 내가 늙어간다는 말도 된다. 이들이 나고 자라서 성장하는 20여 년 동안, 과연 나는 어떤 변화와 발전을 했는지 늘 자문하며 반성하곤 한다.

이 지점이 바로 내가 책을 쓰게 된 동기다. 사회의 요구이니 세대를 이해하라는 게 아니다. 조직이 돈을 벌려면 소비 세력을 이해해야 해서도 아니다. "MZ세대, 2030 지지율, 2030을 잡아라" 세상이 온통 2030에게 매력적으로 보이기 위해 혈안이 된 모양새다. 90년대생, Z세대를 이야기하면 사람들이 다음 세대에 대해 질문한다. 다음 세대가 알파세대라고 설명하면 또 궁금해한다. 알파세대는 2010년에서 2024년 사이에 태어난, 혹은 태어날 세대인데, 특징이 어떻다고 이야기한들 훗날 조직에서 어떻게 발현이 될지 누가 알까.

교육을 하면서 각 세대의 특징을 이야기하면 공감하는 사람도 있지만, 공감하지 않는 사람도 있다. 하나의 특징으로 정의하기보다는 다양성으로 이해하고 공감하자. 세대를 구분 짓는 마음이 바로 꼰대 마인드인지 모르겠다. MZ세대를 이해하는 건 필요하지만, 다양성의 맥락에서 이해하길 바란다. "나 때는"의 대표주자인 베이비부머는 선배를 잘 모셨기에 후배의 대접을 기대하는 세대다. 그러나 기억하자. 그런 생각을 하는 순간 꼰대다. 신세대로 불리던 첫 세대였고, 여전히 본인들이 신세대인 줄 아는, 쿨한 척하지만 역시 꼰대인 X세대, 바로 청바지 입은 꼰대의 대표주자다. 단군 이래 최고의 스펙을 자랑하는 밀레니얼 세대, 하지만 그 스펙으로 역꼰대질을 하는 젊은 꼰대가 될 수 있음을 명심하자. 각 세대가 모두 꼰대일 수도, 아닐 수도 있다.

꼰대는 나이 불문이며, 다양성을 받아들이지 못하고 공감능력이 부족한 것임을 말하고 싶었다. 앞으로 등장할 알파세대가 어떤 세대인지를 고민하기보다는, 모든 세대가 공존해야 한다는 미션을 수행 중임을 기억하길 바란다.

이 책은 나의 개인적인 에피소드와 함께 개인적인 의견들을 담고 있다. 다양성 맥락에서 이해해 주길 바란다. 세대별로 행동 지침을 넣어 두었는데, 이 또한 모든 이에게 적합하지 않을 수도 있음을 미리 전한다. 책을 읽고 각자의 상황에 맞게 적용하고, 본인에게 맞는 것을 한 가지라도 적용하고자 마음 먹었다면 성공이라고 본다. 각 챕터는 순서대로 읽지 않아도 된다. 마음에 드는 챕터를 골라 읽어도 된다. 마음에 드는 챕터 하나를 골라 적용할 수 있는 팁을 얻어 가길 바란다.

2022년 2월
이민영

1장

선 넘는 세대와
선 긋는 세대의 등장

우리 회사에 젊은 꼰대 있다,
꼰대 질량보존의 법칙

나의 첫 직장은 아직도 자랑스럽게 이야기하는 외국계 회사였
다. 다른 친구들에 비해 급여 조건도 좋았고, 다들 토요일까지 근
무하던 시절에 격주로 휴무였다. 신의 직장이라며 다들 부러워하
던 때, 갑작스레 미국에서 MBA를 마친 팀장이 차기 부사장이 될
거라는 소식이 들렸다. 팀원들은 약속처럼 하나같이 그 팀장을 신
처럼 대했다.

"그동안 편하게 잘 지냈지? 이제 정신 차려. 이런 게 원래 직장
생활이야. 나랑 팀장님, 사장님 퇴근할 때까지 대기해." 당시 대리
였던 사수의 이 말 이후로 갑자기 꼰대 조직이라도 된 듯, 나는 눈

치 보느라 제시간에 퇴근할 수 없었고, 이후 회사에 공적이든 사적이든 발전을 기대할 수 없어, 퇴사하고 대학원에 진학했다. 그런데 아직도 이해가 되지 않는 건 사장, 팀장도 아닌, 대리가 왜? 갑자기?

석사과정을 마친 뒤 대학 시간 강의를 시작하면서 역시나 꼰대 마인드, 오지랖을 펼치려는 사람을 많이 만났다. '또라이 질량보존의 법칙'이 '꼰대 질량보존의 법칙'으로 적용되나 보다. 그런데 왜 꼭 그 꼰대는 나이가 한참 많은 사장, 교수도 아닌 중간쯤에 있던 사람들도 포함되는 걸까? 지금 말로는 '젊은 꼰대'지만, 예전에도 늘 있었다는 것 아닐까?

밀레니얼을 외친 지도 20년이 훌쩍 지났다. 4차 산업혁명을 매일 같이 이야기하고, 메타버스니, AI니 떠들면서 마치 발전된 과학 기술로 나의 일자리가 금방이라도 사라질 것처럼 호들갑이다. 그런데 나의 일터의 모습은 어떠한가? 아직도 80년대, 20세기의 조직문화 같진 않은지?

2019년 9월에 영국의 국영방송 BBC에서 오늘의 단어로 꼰대 Kkondae가 소개된 적이 있었다. 갑질Gapjil 이후로 우리나라의 독특한 문화인 양 해외에 소개되는 모습이 그다지 유쾌하지 않다. BBC에서는 꼰대를 "An older person who believes they are always right(and you are always wrong)"이라고 표현하고 있는데, "자신은 늘 맞고, 다른 사람은 늘 틀리다고 하는 나이가 많은 사람"이라는 것이다. 이 표현에 대해서 많은 이들은 "꼰대는 나이와 상관없다"고 반박한다. 그렇다. 꼰대는 나이와 상관없다.

인터넷 직장인 커뮤니티에는 '젊꼰'의 특징에 대해 "5년도 근무를 안 했지만, '나 때는'이라는 표현을 사용하는 사람들"이라고 이야기한다. 최고의 스펙을 소유한 청년들이 취업에 성공하게 되고, 본인들의 작은 성공에 자아도취 되어 마치 자신의 성공이 전부인 것처럼 누군가에게 충고한다는 것이다.

한 설문조사 응답자 열 명 중 일곱 명은 우리 회사에 '젊은 꼰대'가 있다고 답변했다. 직장인들이 꼽은 최악의 젊은 꼰대 유형으로 자신의 경험이 전부인 양 충고하며 가르치는 유형이 24.4퍼센트로 가장 많은 것으로 나타났다. 다음으로, 자유롭게 의견을 말하라고는 하지만 결국 본인의 답을 강요하는 유형이 18.6퍼센트, 선배가 시키면 해야 한다는 식의 상명하복을 강요하는 유형이 14.3퍼센트, 개인사보다 회사 일을 우선시하도록 강요하며 사생활을 희생시키는 유형이 8.3퍼센트, "나 때는"이라며 자신의 경험담을 늘어놓는 유형이 7.9퍼센트, 그리고 나이로 무시하는 유형이 7.7퍼센트였다. 그런데 이들의 더 큰 문제는 바로 자신은 기성 꼰대와는 다르다고 생각하는 데 있다. 바로 52.1퍼센트가 '자신은

4050 꼰대와 다르다고 생각'한다는 것이다.[*]

기업에서 40~50대를 대상으로 교육을 하면, 유쾌하지는 않아도 그들은 본인이 꼰대라는 것을 인정한다. 그러면서 생각과 말, 행동을 조심하려고 꽤 애를 쓴다. 물론 애쓴다는 것과 행동으로 표출되는 건 다른 문제이기는 하나 그들 스스로 문제점은 인식한다는 것이다. 더 젊은 세대들, 예를 들어 Z세대[**]는 "늙꼰보다 젊꼰이 더 싫다. 젊꼰은 대책도 없다"는 말을 하는데, 대체 뭐가 문제인 걸까?

열린 마음으로 스스로의 젊은 꼰대짓에 대해 성찰해 볼 필요가 있다. 우리가 누군가를 보며 "잘못 배웠어, 나쁜 것만 배워가지고…" 이런 말을 종종 할 때가 있다. 꼰대라는 소리 들을까 봐, 젊꼰에게 지적도 못 하는 선배 아래에서 혹 내가 잘못 배운 건 아닌지, 이제 고민할 때다.

---

[*] 〈직장인 71퍼센트, 회사 내 '젊은 꼰대' 있다〉, 사람인, 2020.

[**] 20~30대를 포함한 MZ세대가 아닌, 10~20대 중반까지의 세대를 의미한다.

혹시 내가
꼰대?

스마트폰으로 바꾸던 때를 기억하는가? 2010년 즈음이었는데, 당시 30대 후반으로 젊지도 그렇다고 꼰대 나이도 아니었다. 나는 2G폰을 사용하면서 "전화밖에 안 하는데 뭘" 하며 휴대폰 바꾸기를 뒤로 미뤘다. 평소에도 트렌드를 따르는 데 크게 관심이 없어서 같이 근무하던 직원들이 하나둘 새 스마트폰으로 바꿔도, 그런 유행에는 관심이 없다는 듯 쿨한 척했던 기억이 있다. 사실 지금 생각하면 영락없는 꼰대의 모습이다.

꼰대란 권위적인 사고를 가진 어른이나 선생님을 비하하는 학생들의 은어로, 프랑스어의 '콩테Comte, 백작'에서 유래됐다는 의견이 있다. 권위적인 사고란 어떤 행동을 뜻하는 것일까. 예전에는 정말 '에헴'하고 어른인 체하는 모습을 권위적이라고 했을지 모른다. 마치 식당에 식사하러 가면 상석으로 안내받고, 막내가 수저 세팅을 하고, 상사가 수저 들기를 기다리는 모습 말이다. 그런데 지금은 바야흐로 2022년. 1980년대 드라마에서나 볼 수 있는 장면이 됐다. 만약 아직도 이런 조직이 있다면 '옐로카드'다. 2022년의 꼰대, 권위적인 모습은 '내 생각만이 정답이라고 생각하는 것, 새로운 것을 인정하지 않는 것'이다.

"난 전화밖에 안 쓰는데 뭘." 다른 사람의 스마트폰 사용을 인정하지 못했던 마인드만으로도 나는 충분히 꼰대였던 것이다. 시대의 변화에 적응하지 못했고, 거부하고, 공격했다. 내가 경험한 것만 옳다고 믿었던 나의 바보스러움이 어쩌면 꼰대 근성이었을는지도 모른다.

언젠가 몇몇 교수님, 지인들과 식사하는 자리였다. 수저 세팅을 하는 내 모습에 한 교수님께서 "이러지 마. 그냥 있어"라고 하시는 게 아닌가. "괜찮아요, 교수님. 제가 할게요. 제가 해야 편해요." "이러지 마, 이 박사가 그러면 다들 불편해요." 왠지 모르게 찜찜하던 찰나, 식사가 나오니 자연스럽게 본인들의 수저를 가져가는 모습에 내가 꼰대 문화를 양성하는 건 아닌지, 알게 모르게 후배들에게는 그런 대접을 받길 원했던 건 아닌지, 스스로 많은 생각을 했다. 게다가 지금은 코로나19 시국이라 누군가 수저를 대신 주는 것도 참 불편한 일이 되었다. 다행스럽다는 생각도 든다.

식당에 가서 물이나 수저 세팅을 후배에게 시키지 않는다고 스스로 신세대 선배라고 착각해서는 절대 안 됨을 기억하라. 나의 몸에 밴 행동이 누군가에게는 부담을 주는 꼰대 행동일 수 있음 역시 꼭 기억하길 바란다. 지금의 꼰대는 예전의 기성세대 꼰대와 차원이 다르다. 나와 가장 친한 언니는 BTS의 광팬이다. 멜론의 Top 100을 들으면 모르는 노래가 단 한 곡도 없다고 한다. 넷플릭스를 보느라 밤새는 줄 모르는 언니는 '친언니 리더십'을 발휘하며 MZ세대와 친밀한 관계를 맺고 있다. 50대의 나이가 무색한, 말로만 듣던 '뉴식스티New Sixty'가 될 것이다. 물론 넷플릭스를 보고 BTS를 좋아한다고 꼰대가 되지 않고 뉴식스티가 된다는 의미는 아니다. 새로운 걸 받아들일 줄 아는 사람은 모든 것에 호기심이 있을 것이고, 새로운 생각과 새로운 문화, 그리고 새로운 직원에게도 오픈 마인드를 유지할 줄 안다. 이런 모습을 보며 MZ세대는 그들을 롤모델로 삼고, 꼰대가 아닌 어른이라는 말로 선배 대접을 해줄 것이다.

이 지점에서 내가 꼰대는 아닌지 성찰이 필요하고, 꼰대가 되지 않도록 노력해야 한다. 내가 조금 더 편안하고 행복하게 살고, 남에게 불편함을 주지 않으면서 말이다.

갈림길에 선
N86세대

세대를 나누는 기준은 다양하다. 부모, 자식 세대 간을 의미하기도 하는데 한 세대를 보통 30년 정도로 본다. 독일의 사회학자 칼 만하임은 "세대란, 17세에서 25세 사이 청년기에 어떤 중요한 역사적 사건에 영향을 받아 특정한 의식과 문화 지식을 갖게 되는 유사한 인구집단"이라고 정의한 바 있다. 그런 의미에서 우리나라의 첫 세대는 '4·19세대'로 1930년대 말에서 1940년대 초에 태어나 20세 전후에 4·19혁명을 경험한 세대를 일컫는다.

하지만 우리에게 더욱 익숙한 세대 구분은 X세대부터 아닐까 생각한다. X세대라는 명칭은 캐나다 작가 더글러스 커플랜드가

1991년에 출간한 자신의 소설 《X세대*Generation-X*》에서 처음 사용했다. 과거의 세대와는 뭔가 다른데 어떻게 다른지는 잘 모르겠다는 의미에서 X를 붙여 표현했다. 이후 담배 회사인 필립모리스가 1993년도에 성인이 된 새로운 고객을 위해 담뱃값 인하 정책을 시행했고, 이때부터 X세대가 급격히 대중화됐다.

X세대라는 말이 등장했던 그 시기의 한국에서는 1970년대에 태어나, 90년대 학번인 이들을 X세대라고 불렀다. 1988년 서울올림픽을 계기로 한국과 서울이 해외에 많이 알려지게 되었고, 이후 나라가 급성장했다. 국제화, 세계화, 개방화의 물결이 밀려들자 1989년에는 해외여행이 전면 자유화됐다.

X세대인 나는 딱 그 시기를 지나왔고, 정비된 서울의 모습만 기억난다. 배고픔을 몰랐던 첫 세대라 그런 걸까. 초등학교 때 나이키 운동화를 신었고, 해외여행 자유화 수혜를 입었던, 대학생의 특권인 양 유럽 배낭여행과 어학연수를 경험한 첫 세대였다. 혼란했던 시대를 지나, 평화로운 대학 시절을 보냈던 첫 세대라는 기억만 있다.

X세대의 앞 세대를 베이비부머 세대라고 한다. 세대의 구분은 X세대가 등장하던 1990년대에 시작되었듯이 386세대라는 명칭은 X세대와 비슷한 시기에 탄생했다. 정확히는 1996년 각 분야에

서 활동하는 다섯 명의 직장인이 〈열린공간 30〉을 창립하면서 생긴 용어다. 당시 30대, 80년대 학번, 60년대 태생을 의미한다. 세대의 명칭이 막 생겨나던 1990년대에 생산된 컴퓨터의 이름이 마침 386이어서, 386세대라는 이름이 붙여졌다. 그들이 나이 들어감에 따라, 486세대, 586세대, N86 또는 86세대라고 부르게 되었다. 하지만 당시 대학 진학률을 볼 때 80년대 학번을 세대의 전체 이름으로 부른다는 건 무리가 있다. 1980년대 인문계 고등학교 졸업생의 약 30퍼센트만 대학에 진학했기 때문이다. 조귀동 작가의 《세습 중산층 사회》에 의하면 386세대란 명칭은 또 다른 의미의 계급적 지위를 의미한다고 했다. 따라서 현재에는 '베이비부머'라는 명칭을 더 많이 사용하며, 그 범위도 1960년대 출생자뿐만 아니라, 1955년생 이후부터 시작된다. 1950년 한국전쟁 직후 1퍼센트였던 인구증가율이 1955~1960년까지 연 3퍼센트로 증가한다. 따라서 베이비부머 세대는 1955년생부터 해당된다.

당시 대학 진학률이 그다지 높지 않음에도 불구하고 마치 당시의 세대를 대변하는 듯 386세대라는 명칭을 사용했던 이유는 무엇일까. 어떻게 386세대들이 그 시절을 대변하듯 독점하게 된 것인가. 최근 세대 차이에 대한 이해가 조직 내에서뿐만 아니라, 국가적으로 이슈가 되는 현상과도 연관이 있다. 이러한 이슈는 세대 차이를 넘어 세대 갈등까지 이어지고 있는데, 분명한 이유가 있다. 386세대는 정부 수립 이래로 가장 혜택을 많이 받은 세대라고 도 볼 수 있기 때문이다.

1980년대는 경제성장률이 폭발적으로 상승하던 시기다. 국가 의 경제 성장은 곧 개인 소득의 증가로 연결됐다. 당시의 이러한 성장이 모두의 소득으로 돌아간 것은 아니지만, 특히 386세대가 혜택을 많이 봤다. 당시는 '3저(저유가, 저환율, 저금리) 호황'이라 불 리는 한국 역사상 전무후무한 시절이었다. 게다가 1970년대 중후 반부터 중화학 공업화로 대규모 기업이 나타나기 시작했다. 그 이 전에 가발, 섬유, 의류 등을 제조해서 납품만 하던 때와는 다른 기 업 구조로 발달하면서 대기업들이 등장하게 된다. 대기업은 점점 기술적으로 복잡해졌고, 현대적인 사무 및 재무 시스템을 갖추어 야 했기에 관련 분야의 지식을 가진 인력을 충원하기 시작했다. 이에 따라 대학을 졸업한 관리직 인력과 전문적인 지식을 갖춘 기 술 전문직 인력의 수요가 늘어났다. 이런 기회를 1980년대에 대 학을 다닌 386세대가 잡을 수 있었던 것이다. 고영선 KDI 선임연 구위원이 고용노동부의 〈임금구조기본통계조사〉를 분석한 결과 에 의하면, 70년대 후반 학번과 80년대 초중반 학번이 소득 상위 20퍼센트가 될 수 있는 직종에 집중적으로 채용되었고, 기업 내

중요한 자리를 채웠다고 볼 수 있다.[*]

386세대가 노동시장에 진입한 1980년대 후반 이후 대졸자 임금은 더욱 가파르게 올라간다. 반정호 한국노동연구원 전문위원의 2010년 보고에 의하면 1959~1963년생 사무·전문직이 만 25~29세였던 1988년 당시 월평균 임금은 66.3만 원이었으나, 만 35~39세인 1998년이 되자 월평균 114.8만 원으로 10년 새 73.2퍼센트 상승한다. 같은 기간, 같은 연령대의 상용·노무직 근로자의 상승률이 50퍼센트대인 것과 비교해 보면 차이는 더 확연하다.[**]

더구나 1998년 IMF 시기는 X세대가 막 대학을 졸업하던 때다. '불운의 92학번'이라는 말이 있을 정도로 어려운 시기를 맞이하게 된다. 경제 위기로 기업들은 신입사원 공채에 소극적일 수밖에 없었다. 이 시기에도 386세대는 IMF의 위기를 피해간다. 대리 혹은 과장급이었던 386세대는 당연히 명예퇴직도 피할 수 있었고, 실무자급으로 사내 주요 인력으로 자리 잡았다.

---

[*] 고영선, 〈임금격차는 어떻게, 왜 변해 왔는가?〉, 한국개발연구원, 2019.

[**] 반정호, 〈고용구조 변화와 임금불평등 : 종사상지위를 중심으로〉, 《노동리뷰》(통권 제64호), 한국노동연구원, 2010.7.

우리가 조직에서 보게 되는 50대 팀장 혹은 임원이 꼰대일 수밖에 없는 이유를 알겠는가. 그들이 사회생활을 하는 내내 가장 잘 나가는 세대였기 때문이다. "나 때는 말이야"를 입에 달고 사는 게 어찌 보면 당연하다. 그런데 꼭 잘 나가는 사람들만 꼰대가 되는 걸까? 2020년, 한 방송사에 세대를 주제로 한 프로그램에 출연한 적이 있었는데 이때 재미있는 기사를 하나 접했다. 〈젊은 세대는 노인을 이렇게 본다〉라는 제목의 1959년 12월 20일 자 조선일보 기사다. 당시 연세대학교에 재학 중인 남학생 100명과 이화여자대학교 학생 100명을 대상으로 노인에 대한 젊은 세대의 생각에 관해 조사했는데 질문은 다음과 같다.

- 집안에 노인이 있는 게 좋은가, 없는 게 좋은가
- 기존 경로 문화의 정도가 지나친가, 부족한가
- 노인이 왜 안 좋은가
- 노인과 별거하는 건 좋은 것인가, 아닌가
- 노인이 왜 좋은가
- 할머니가 좋은가, 할아버지가 좋은가
- 노인을 도의적으로 섬겨야 하는가, 아니면 자연적으로 섬겨야 하는가

당시에도 이런 조사를 했다는 사실이 참 놀라웠다. 특히 세 번

째 '노인이 왜 안 좋은가'라는 질문에 대한 답변이 굉장히 와 닿았는데, '시대에 뒤떨어진 생각과 행위를 하기 때문'이라는 답변이 35퍼센트로 가장 많았다. 그다음은 '잔소리가 많아서', '젊은 사람 마음을 몰라줘서' 그리고 '고집이 세기 때문'이라는 답이 이어졌다. 1950년대 기사니, 당시 조사 대상자들은 이제 80대가 되었을 것이다. 그들도 젊은 시절에는 현재의 젊은 세대와 비슷한 생각을 했다. 어느 시대건 나이 많은 사람들이 꼰대 행동을 보이고, 젊은 세대들에게 꼰대 취급을 받는 건 어쩔 수 없는 모양이다.

과거에도 기성세대, 구세대, 아저씨 등의 표현들로 세대 차이를 표현하곤 했다. 그런데 어느 날 갑자기 '꼰대'라는 단어가 등장하면서 약간의 혐오 섞인 단어가 된 듯하다. 이는 세대 차이의 이해를 넘어, 세대 갈등을 이해해야 하는 지점이다. 가장 큰 갈등은 생존 문제다. 바로 돈, 먹고 사는 문제가 달린 일이니 차이가 갈등으로 번져간다. 지금 MZ세대보다 상대적으로 적은 노력으로 사회적 지위와 경제적 부를 취득할 수 있었던 사회·경제적 배경에 관한 통계들을 접한 MZ세대는 그들을 쉽게 존경할 수 없게 된 것이다.

그러나 젊은 세대들도 알아야 할 것이 있다. 베이비부머 세대 중 일부만 대졸 프리미엄의 특혜를 누렸다는 것이다. 지금의 모든 베이비부머 세대가 특권을 누리고, 혜택을 입은 세대라는 오해를 하지 않기 바란다. 2019년 통계청에서 발표한 세대별 연소득에 대한 통계가 있다. 연소득 3천만~1억 원 미만의 비중이 50대는 55.7퍼센트인데 비해, 40대와 30대는 그 비율이 60퍼센트가 넘었다.[*] 50대는 부자도 많지만, 반대로 경제적으로 어려운 사람도 많다는 의미다. 하지만 586세대를 포함한 베이비부머 세대가 어떠한 형태로든 지금 현재에는 꼰대로 자리매김한 것은 틀림없다. 연령대로 볼 때, 집안에서는 권위적인 모습을 답습한 가장, 조직에서는 가장 윗자리에 있을 가능성이 크기 때문이다. 그러나 이제는 가정에서도 가장의 권위가 축소되고 있고, 조직에서는 밀려날 때가 됐다. 조직 내에 있을 때야 내가 꼰대짓을 해도 누군가가 나를 받아줄 여지가 있지만, 조직에서 나와 사회적 지위를 내려놓게 되는 순간 모든 것을 내려놓아야 한다.

'탈꼰대'를 위한 연습이 지금부터 필요하다. 물론 한순간 연습으로는 가능하지 않다. 모든 세대는 꼰대의 모습을 애당초 배우지 않길 바란다. 서로 다른 세대를 탓하며, 시대를 탓하며, 나의 잘못은 돌아보지 않고 외부에서 잘못을 찾으려는 태도는 발전적일 수 없다. 그 모습이 누군가에게는 또 꼰대의 모습으로 보인다.

---

[*] 〈가계금융 복지조사〉, 통계청, 2019.

한때는 신세대, 지금은 상꼰대 X세대

꾸준히 만나는 초등학교 동창 모임이 있다. 대학 교수인 혜정, 유치원 원장 시연, 사업하는 진국이와 지형이, 우리나라 최초의 테크노 그룹 EOS(이오스)의 메인 보컬이자 가수 유희열이 이끄는 토이의 객원 보컬 김형중 그리고 나, 이렇게 여섯 명이다. 다들 일하느라 바빠서 1년에 한두 번 만날까 말까 하지만 오랜만에 봐도 늘 편안한 친구들, 1973년생, X세대다. 우리는 만날 때면 서로를 보면서 "우리 참 젊다"를 연발한다. 각자 조직에서는 어떤 모습인지 잘 모르지만, 적어도 우리 모임 중에는 대화의 주제나 다양한 행동 등을 봤을 때 아직도 청춘인 것 같은 생각이 든다. 나만의 착각일지도 모르지만, SNS를 통해 보게 되는 나의 X세대 지인들의 모습은 대부분 비슷하다고 생각한다.

　X세대는 신세대라는 말을 처음 들었던 세대로, 숫자로만 보면 베이비부머보다 더 많다. 현재 조직의 차·부장급 또는 임원 중 가장 많은 세대가 바로 X세대일 것이다. 한때는 신세대라고 불렸던 사람들인데, 내일모레 50을 바라보는(또는 50대 초반) 상꼰대 나이가 됐다. 이러한 X세대는 두 가지 모습으로 나뉜다. 나이가 의미하는 꼰대, 그리고 새로운 개념인 '영포티Young Forty'다.

　영포티란 김용섭 작가의 저서《라이프 트렌드 2013 : 좀 놀아본 오빠들의 귀환》에서 40대가 되었지만, 이전 세대의 40대와는 다른 모습을 하고 있는 X세대라고 설명했다. 그는 본인의 또 다른 저서《라이프 트렌드 2016 : 그들의 은밀한 취향》에서도 영포티를 언급했다. 기업 강연을 다니다 보면 이 용어를 아직 모르는 사람이 대부분이지만 의미를 설명하면 다들 공감한다. 포털 사이트에도 정의되어 있는데 '젊게 살고 싶어 하는 40대로 1972년을 전후로 태어나 새로운 중년의 삶을 살아가는 세대'라고 정의한다. 자신을 꾸미는 데 적극적이며 트렌드에 민감해 패션, 미용 등의 분야에 지출을 아끼지 않고, 현재의 행복을 가장 중요한 가치로 여기며 가족과 함께 오랜 시간을 보내고자 하고 정치적 이념보다 합리를 중요하게 생각한다. 만약 이 세대의 독자가 있다면 공감되는 부분이 있는가.

정의만 따져봤을 때, 영포티는 꼰대와 사뭇 다른 모습을 하고 있다. 같은 X세대지만 누군가는 꼰대의 모습을 하고 있으며, 누군가는 영포티의 모습을 하고 있다. 지금은 매체가 워낙 다양해 어느 지역에 있건 어떤 일을 하건 정보의 깊이와 넓이는 별반 차이가 없다. 그러나 X세대가 20대였던, 바로 신세대라고 불리던 시절에는 정보의 차이가 꽤 있을 수밖에 없었다. 해외여행 자유화시대의 첫 수혜자인 덕에 유럽 배낭여행은 물론 해외 어학연수의 경험을 갖게 된 첫 세대라 할 수 있으나, 모든 X세대가 그런 경험을 한 것은 아니었다. 본인이 어느 집단에 속해 있는지, 어떠한 일을 하며 어떤 사람들과 어울리는지에 따라 삶의 가치관은 크게 달라질 수밖에 없다. 그렇다면 영피프티Young Fifty, 영식스티Young Sixty가 아니라 '영포티'인 이유는 무엇일까?

일단은 평균수명이 증가한 것도 큰 이유다. 2022년 기준 평균수명이 83.5세다. 우리나라 인구의 평균연령은 2022년 기준 43.9세.* 중위연령**은 2022년 기준 45세다. 그런데 이 변화를 살펴보면, X세대가 20대일 때 한국의 평균연령은 20대였다. X세대가

---

* 〈주요 인구지표〉, 통계청, 2022.

** 총인구를 연령순으로 나열할 때 정중앙에 있는 사람의 해당 연령.

30대일 때 한국의 평균연령 또한 30대였으며, 이들이 40대인 지금 평균연령이 40대를 유지하고 있다. 이는 40대의 나이가 더 이상 꺾이는 비주류 나이가 아니라 늘 주류가 될 수 있는 나이를 의미한다. 여러 커뮤니티와 SNS에서 '현대 나이 계산법'이라는 나이측정법이 등장한 적이 있다. 현재 나이에 0.8을 곱하면 현대의 나이로 계산이 된다는 것이다. 그렇다면, 지금의 40대는 30대, 50세는 40세에 해당된다.

가끔 TV에서 예전 방송이 나올 때면, 지금에 비해 당시 사람들이 더욱 늙어 보인다는 생각이 들 때가 있다. 현대를 살아가는 많은 사람은 참 젊은 모습을 유지하고 있다. 그만큼 생각도 젊어졌을 것으로 생각된다. 가장 중요한 건, 본인들도 스스로를 젊다고 생각하고 있다는 점이다. 예전 40대 같으면 '중년' 느낌이었지만, 이제는 '아직 40대'라는 인식이 대세다. 나 또한 40대 후반이지만, 스스로 여전히 젊다고 생각한다. 건강상태도 좋고, 생각도 젊으며, 외모도 스스로 젊다고 생각한다. 늙었다는 생각이 전혀 들지 않는다. 생각과 외모만 그럴까? 영포티는 5060의 기성세대의 모습을 거부했기에 좀 더 발전된 리더십을 습득했을 가능성도 있다. 영포티들은 다양한 분야에 예전 기성세대의 모습과는 같지 않을 것으로 예상된다는 것이다. X세대인 나 역시, 꼰대나 기성세대가 되고 싶지 않다.

▼
X세대 모두가 영포티는 아니다

X세대 모두가 영포티가 되는 것은 아니며 많은 노력이 필요하다. 새로운 트렌드를 받아들이는 자세와 경제적인 능력도 있어야 하기 때문이다. 40대의 모습을 살펴보자. 결혼했다면 대부분 한창 학령기 자녀를 두었을 가능성과 5060 세대에 비해서는 맞벌이할 가능성이 크다. 하지만 여성은 전문직이나 정규직일 가능성이 적을 수밖에 없는 게 대한민국 현실이다. 집을 갖고 있을 가능성이 있지만, 대출이 대부분일 가능성도 크다. 현실적으로 '돈 들어갈데'가 너무 많은 시기다.

게다가 평생직장의 개념이 없어진 지금, '언제까지 현재의 이 직장을 다닐 수 있을까'라는 고민이 현실적으로 다가오는 시기다. 2020년 통계청 조사에 의하면, 직장인 평균 근속기간은 5.2년이다.[*] 이직하고도 다음 이직을 위해 마음을 놓지 못하는 게 현실이다. 완벽한 스펙으로 무장한 젊은 사원은 위협으로 느껴질 수밖에 없고, 후배 사원에게 쿨한 척 다가가기에는 마음이 여유롭지 않다. 여유롭지 못함이 꼰대 모습으로 표현되는지도 모른다.

---

[*] 〈2020년 일자리 행정 통계 결과〉, 통계청, 2021.

진짜 젊은 꼰대, 밀레니얼 세대

'밀레니얼 세대(Y세대)'란 1991년에 출간된 닐 하우와 윌리엄 스트라우스의 《세대들, 미국 미래의 역사 *Generations:The History of America's Future*》라는 책에서 처음 사용된 용어다. 2000년을 기점으로 성인이 되는 세대부터 시작되며, 70년대생인 X세대 다음 세대로 80년대생을 의미한다. 정의에 따라 그 시기를 조금씩 다르게 정의하고 있으나, 통상 1980~1990년대 중반 사이에 출생한 사람들로 본다. 김용섭 작가의 《요즘 애들, 요즘 어른들》에 의하면 오스트레일리아 매크린들 리서치는 1980~1994년생, 미국 갤럽은 1980~1996년생, 영국 어니스트앤영은 1981~1996년생, 미국의 퓨리서치센터는 10년간의 연구 끝에 1981~1996년생을 밀레니얼 세대라고 정의했다고 언급한다. 각 나라의 정의가 크게 다르지 않아, 어느 세대를 밀레니얼 세대라 하는지 짐작할 것이다.

《90년생이 사무실에 들어오셨습니다》의 저자 김현정 교수는 X세대는 개발도상국에서 태어났고, 밀레니얼 세대는 선진국에서 태어났다는 표현을 한다. 밀레니얼 세대의 부모는 전후 세대다. 이 사실만 봐도, 베이비부머 세대와 X세대, 밀레니얼 세대의 성장 경험이 달랐음을 짐작할 수 있다. 가장 큰 차이는 경제 수준에서 비롯된 교육 수준이다.

1980년생은 2022년 기준, 한국 나이로 43세다. 밀레니얼 세대라는 용어를 들으면 '신세대' 느낌, 새로운 느낌이 들지만, 43세를 더는 새로운 느낌으로 받아들이는 사람은 많지 않을 것이다. 지금의 40대가 예전 같지는 않고, 아직 젊은 나이라고 할 수는 있지만, 이들은 이미 많은 사회화가 이루어졌다고 본다. 최근 밀레니얼 세대들 사이에서도 15년이라는 차이가 남에 따라 대학내일20대 연구소에서는 전기 밀레니얼, 후기 밀레니얼로 세대를 나누는데, 1988년생까지를 전기 밀레니얼 세대, 1989년 이후 출생자를 후기 밀레니얼 세대로 보고 있다. 2022년 기준, 전기 밀레니얼은 35세부터 43세까지, 후기 밀레니얼은 29세에서 34세까지를 의미한다. 지금 젊꾼으로 부상하고 있는 이들은 바로 '전기 밀레니얼 세대'

다. 최근에는 조직들이 젊어지고 있고 스타트업이 많아져서, 전기 밀레니얼 세대 중 과장, 차장, 팀장까지도 이 연령대에 포함되는 경우가 많다. 젊을수록 몇 안 되는 성공의 경험으로 젊꼰이 될 가능성이 크다.

우리나라는 '가족계획사업 10개년 계획'을 수립한 이후 지속적인 산아제한정책을 도입한 결과, 출생아가 급격하게 줄었다. 자녀가 서너 명일 때는 부모가 모든 자녀를 물리적으로 같은 시간의 보살핌을 줄 수가 없어, 첫째 혹은 막내에 더욱 집중하는 구조였지만 자녀 수가 줄어들면서 부모의 자원을 독차지할 수 있게 된 것이다. 첫째가 가져야 하는 의무감, 둘째의 외로움, 형제들과의 경쟁 등을 집안에서 경험해 본 일이 적다.

밀레니얼 세대를 대표하는 특징 중 하나는 '가난'이다. 부모세대보다 가난한 첫 세대라고 표현하기도 한다. 10~20년 사이에 우리나라가 압축 성장을 하면서 세대 간 빈부 격차가 심해졌다. 이전 세대는 자신이 번 돈으로 결혼 준비를 할 수 있었다면, 이제는 거의 불가능해진 것이다. 따라서 이들의 또 다른 특징으로 '욜로'를 시작으로 '탕진잼'이라는 말이 나온 배경이기도 하다. 안타깝지만 사실이다. 미래가 보장되는 것도 아니니 미래를 위해 현재를 희생하기보다 즐기겠다는 것이다.

이들이 젊꼰이 되는 가장 큰 이유는, 이들이 이전 세대와 다르다는 데 있다. 바로 디지털 네이티브로서 더 이상 선배에게 질문을 하지 않는 첫 세대다. 선배를 믿지 않고 의지하지 않는 것이다. 또한 선배의 꼰대질에 반기를 제기하고 불합리한 것을 세상에 공유했던 첫 세대다. 본인들의 스마트함으로 실현할 수 있었던 성공 경험들이 이들을 꼰대의 길로 들어서게 만들었던 것이다. 오히려 이런 막강한 정보력과 검색능력으로 X세대, 베이비부머 선배들이 자신들을 의지하도록 만들었다. 이런 모습에서 역꼰대질도 보인다. "팀장님, 잘 모르시잖아요", "우리 팀장님 엑셀 표 겨우 만드셔, 함수는 전혀 못 해. 내가 다 해 드려", "저 양반, 언젠가는 폐기처분될 거야"라고 말이다. 그렇게 하게 된 역꼰대질을 후기 밀레니얼에게 조금씩 선보이기 시작했다. 밀레니얼 세대의 자신감에 더 덧붙인다면 권위적인 조직문화에서 알게 모르게 배우게 된 꼰대질이 합쳐져 더 심한 꼰대 기질이 후기 밀레니얼 세대와 Z세대에게 표출된 건 아닌가. 그러니 Z세대들이 늙꼰보다 젊꼰이 더 대책 없다는 말을 했을지 모른다는 생각을 해본다.

밀레니얼 세대가 기억할 것이 있다. 지금의 Z세대, 그 이후의 알파 세대는 본인보다 더 강력한 세대가 될 것이다. 나보다 더욱 스마트하고 내가 뛰어넘을 수 없는 그 이상이 될 것이다. 내가 지금 이 순간 주류가 돼서 스마트함을 한껏 뽐낸다 할지라도, 시간이 지나 다음 세대에게 나 또한 '늙꼰' 취급을 당할 수 있다. 그 강도는 지금보다 더욱 세져서 내가 늙꼰을 대하는 것보다 더 심할지 모른다. 그런 취급을 당하기 전에 얼른 호의적인 선배, 영포티보다 더 앞서는 선배로 거듭나길 바란다. 우선 역꼰대질부터 후배들이 보고 배우지 않도록 삼가자. 똑같이 늙꼰 취급을 당하지 않도록 말이다.

순위는 거들 뿐, 올림픽을 즐긴다! Z세대

2020 도쿄 올림픽은 사상 초유의 비대면 올림픽이었다. 올림픽, 월드컵과 같은 지구촌 축제가 끝나면 늘 스타 선수가 탄생하기 마련인데 수영의 최윤희, 양궁의 김수녕, 체조의 여홍철, 탁구의 유남규, 현정화 선수 등 지금까지 내 기억 속의 스타 선수들은 사실상 금메달리스트였다. 우리나라 최초의 금메달리스트를 기억하는가. 1936년 베를린 올림픽 마라톤 종목에서 금메달을 목에 걸었던 손기정 선수다. 당시 일제시대라는 시대적 배경 탓에 일본 국적을 달고 출전을 했지만, 우리나라 선수로는 첫 메달 획득이었다. 당시 같은 마라톤 종목에서 동메달을 획득한 선수도 우리나라

의 남승룡 선수다. 이 사실을 아는 사람은 그리 많지 않다. 후진국에서 혹은 개발도상국에서 태어나 성장했던 세대의 올림픽은 이런 모습이었다. 개그 프로그램에 나왔던 표현대로 '1등만 기억하는 더러운 세상' 말이다. 내가 봐온 올림픽은 '메달 경쟁'이라는 말이 딱 맞았다.

2020 도쿄 올림픽에서도 역시 스타가 줄이어 탄생했다. 가장 기억에 남는 선수는 양궁 국가대표 막내, 고교생 궁사 김제덕 선수다. 스물세 살이나 많은 삼촌뻘 선수에게 "오진혁" 하며 이름을 부르는 응원 함성, 아직도 귀에 들리는 듯하다. 그리고 또 한 명의 스타는 바로 높이뛰기의 우상혁 선수다. 한국 신기록을 달성했고, 대한민국의 올림픽 역사상 트랙과 필드를 통틀어 개인전 최고 순위라는 값진 결과를 이뤘다. 우상혁 선수에게 당시의 기록은 메달의 획득이나 순위와는 상관없었다. 본인이 생각할 때 본인은 만족한다는 그 표정과 몸짓은 코로나19로 지친 모든 국민에게 희망과 용기를 주었다. 군 복무 중이었던 우상혁 선수는 메달을 획득하지 못해 복귀해야 했다. 많은 올림픽 스타가 광고 촬영 등 다양한 활동을 하는 것에 굴하지 않고 쿨하게 "나도 제대하면 꼭 광고촬영하고 싶다. 나는 아직 어리기 때문에 다음 파리 올림픽에서는 더 잘할 수 있을 것이다. 기대해 달라"고 솔직한 심정을 밝히는 모습이 영락없는 96년생, Z세대였다.

밀레니얼 세대에 비해, Z세대는 더욱더 풍요롭게 성장했다. 그들의 부모는 X세대다. Z세대인 나의 아들은 양가의 첫 번째 손자였다. 친정 부모님께서 아들을 맡아서 키워주시겠노라 하셨다. 아주 귀하게 나의 Z세대 아들이 자랐고, 여전히 현재 진행형이다. 주말이면 시댁 부모님께서 손자를 보러 오셨는데 외아들의 외아들인지라 금이야 옥이야 대하셨다. 그야말로 집안의 소황제가 따로 없다. 젊은 조부모, 맞벌이로 여유로운 '영포티' X세대 엄마, 아빠를 둔 Z세대는 그 어떤 세대보다 관심과 배려 속에서 부족할 것 없이 자랐다.

나도 많은 것을 누릴 수 있었던 X세대지만 지금 같지는 않았다. 그런데 X세대보다는 밀레니얼 세대가 더욱 풍족했을 것이며, 밀레니얼 세대보다는 Z세대가 더욱 풍족하다는 것을 말하고자 하는 것이다. 나도 나이키 운동화를 신었지만, 당시와 달리 Z세대 아들의 나이키 운동화는 더 저렴하고 쉽게 살 수 있다. 물자가 더욱 풍부해진 덕도 있기 때문이다. 물론, 개개인의 풍족이라기보다 사회 전반의 풍족을 의미한다.

나의 Z세대 아들은 단 한 번도 뭘 사달라고 한 기억이 없다. 스카이 씽씽을 사달라고 한 적도, 자전거, 롤러브레이드, 휴대폰, 노트북도 사달라고 한 적이 없다. 이전 세대의 부모들보다 정보가 많은 X세대 엄마, 아빠는 자신의 자녀들에게 필요한 것들을 적절한 시기에 알아서 모두 준비해 준다. 그러니 사달라고 조를 일도 없고, 형제들끼리 서로 컴퓨터를 쓰겠다며 싸울 일도 전혀 없는 것이다. 밀레니얼 세대와 마찬가지로 Z세대들도 경쟁이 없이 평화롭게 자란다. 평화 속에서 배려 받고 자랐다고 해서 이기적일 것으로 생각하지 않길 바란다. 본인이 소중하다는 것을 잘 알기에, 본인 삶에 최선을 다하게 된다. 오히려 더욱 배려심이 많은 사람으로 성장하는 중이다.

또 편하게 자랐다고 생각이 없고 목표가 없다고 생각하지 않길 바란다. Z세대는 많은 정보와 좋은 교육으로 앞으로 어떻게 살아가야 할지 스스로 고민 중이다. 뿐만 아니라 정치, 환경, 지구 문제까지도 걱정하고 있는 세대가 바로 Z세대 아니던가. Z세대 아들이 내가 원고를 쓰는 동안 조언을 해주었다. "엄마, 사람들한테 노력해라, 바꿔라, 이런 말 하지 마세요. 그런 말 해봐야 안 달라져요." 할 말은 하지만, 먹힐 사람한테만 말을 해야 한다는 의미이기도 하다. 어차피 세대교체가 될 것이라고 느낀다는 것이다. 만약 누군가 나에게 잔소리 없이 그냥 무언가를 넘겨 준다면 내가 잘해서가 아니라, 그냥 나를 포기한 것인지 모른다. 선배 세대만 후배 세대를 포기하는 게 아니다. 지금은 후배 세대도 선배 세대를 포기할 수 있다. 중국의 서예가 왕희지가 "인간 됨됨이가 갖춰지지 않은 자에게는 가르침을 주지 마라非人不傳(비인부전)"고 했던가.

윗세대, 아랫세대 모두에게 해당되는 말이다. Z세대들은 꼰대질을 하는 모두는 결국 도태될 것이라고 생각하는지도 모른다.

　전 세계적으로 인구 비율을 보면 전체 인구 중 63.5퍼센트가 MZ세대다.* 앞으로 15년간 가장 큰 구매력을 가진 세력도 MZ세대다.** 이 세대가 결코 새롭거나 만만한 세대가 아니다. 이미 수적으로 우세하며 힘이 센 세대다. MZ세대들도 자신들의 영향력에 대해 듣고 봐서 잘 알고 있다. 이전 세대와 이제는 더 이상 마주칠 일이 많지 않을 것이라 생각할지도 모른다. 누가 더욱 아쉬울까 고민하게 되는 부분이다. 재택근무로 서로가 덜 마주하게 되었다. 수많은 정보를 통해서 어차피 곧 없어질 세대라는 것을 현실적으로 잘 알고 있다. 너무 두렵지 않은가. 그렇다면 방법은 한 가지뿐이다. 그들과 서로 잘 지내는 것만이 방법인데, 이해가 앞서지 않으면 안 된다. 버릇없고, 개인주의적인 세대가 아니라 스마트하고 합리적이며 자신을 사랑하는 세대라고 이해하길 바란다.

＊　〈세계 인구 전망〉, UN, 2019.

＊＊　World Data Lab, 2018.

늙꼰이나 젊꼰이나
에브리바디 꼰대

   나는 개인적으로 술을 못하다 보니, 회식이 기쁘지 않았다. 내가 사회 초년생일 때만 해도 술을 억지로 먹이는 문화가 있었다. '술은 마시면 는다'는 이상한 말을 갖다 붙이며 말이다. 회식 자리를 자연히 피하게 되었고, 사수에게 이번 회식은 참석이 불가능하다고 말하면 "난 괜찮은데, 팀장님께서 뭐라고 하실지. 너 그런 식으로 해서 사회생활하기 힘들어"라고 한다. 그런데 더 화가 나는 건 옆 팀 대리님도 세트로 한마디 거드는데, 견디기 힘들었다.

   전형적인 꼰대질이다. X세대인 내가 직장생활을 할 때만 해도 '대리님께서 나를 위해 하시는 말씀인가 봐. 회식도 사회생활의 연장이지'라고 생각했을는지 모른다. 나의 경우엔, 나를 위한 말이라는 생각과 동시에 '웬 오지랖'이라는 생각도 들었다.

앞서 취업 포털 사람인의 젊은 꼰대 설문조사에서 그들의 특징을 '자신은 4050꼰대와는 다르다고 생각한다'(52.1퍼센트), '자신은 권위적이지 않다고 생각한다'(38.5퍼센트), '스스로 합리적이라고 생각한다'(34.85퍼센트), '후배의 입장을 잘 이해한다고 생각한다'(21.1퍼센트), '후배들과 사이가 가깝다고 생각한다'(18.6퍼센트) 등이라고 했다.

자신은 4050 꼰대와는 다르다고 생각하는데, MZ세대가 볼 때는 다 같은 꼰대로 보인다는 의미다. 내가 사회초년생일 때 팀장님과 대리님 모두 불편했던 것처럼 말이다. 오히려 내 입장에서는 팀장보다는 대리의 꼰대질을 더 많이 경험했다. 바로 젊은 꼰대를 견디기 힘든 대상으로 보는 이유다. 더 자주 마주치게 되니 말이다.

나는 대학에서 10년 넘게 강의를 했다. 대학생들과의 소통 기회가 많으니 늘 내가 젊다고 생각했고, 대학원 후배와도 함께 하는 프로젝트가 많아 소통도 꾸준히 했다. 덕분에 나는 늘 후배들을 잘 이해하고 사이가 좋다고 생각했는데, 위 조사 결과를 보고 모두 나의 착각이었다는 생각에 등골이 오싹해졌다. 나는 결국 꼰대였고, 권위적이었을 것이며, 합리적인 생각을 자주 못했을 것이다. 후배의 입장을 어떻게 알겠는가. 세대가 다른데 말이다.

내가 아무리 젊은 세대들과 일을 하고 소통의 기회가 있다 해도, 나도 모르는 사이에 꼰대질을 하게 된다. 적어도 남에게 불편함을 주고 싶지는 않다. 더불어, 늙은 꼰대들은 주의할 사항이 한 개 더 있다. "팀장님 제가 Z세대 직원에게 충고 한 마디 해줬습니다. 제가 잘 가르쳐 보겠습니다." 이런 말이 들리는 순간, 젊은 꼰대의 꼰대짓을 알아채야 한다. 어떤 식으로 충고를 했는지, 중간에 숨기는 내용은 없는지 등 말이다. 젊꼰을 너무 믿고 젊꼰에게 모든 것을 위임하는 것도 무책임한 행동일 수 있음을 기억하자.

젊꼰의 입장에서도 "나는 괜찮은데, 팀장님께서 싫어하실 것 같은데"라는 식으로 나의 의견을 늙꼰의 의견인 양 몰아가는 것도 바람직하지 못하다. 20여 년 전에도 나는 사수의 말이 팀장 의견이 아닌, 본인의 오지랖임을 이미 알고 있었기 때문이다. 더욱 스마트한 Z세대 후배도 그 말을 믿지 않을 것이다. 오히려 자신의 의견을 떳떳하게 밝히지 못하는 자존감 떨어지는 선배로 볼 것이다. 본인은 4050 꼰대와는 다르다고 생각한다지만 결국 보이는 모습은 똑같음을 기억하자. 나 같은 X세대는 5060 꼰대와는 다르다고 생각하지만, 결국 다 같은 꼰대라는 것 역시 기억하자. 결국 젊꼰과 늙꼰은 큰 차이가 없음을 말하고 싶다.

꼰대는
내림차순

어느 대기업에 신입사원 교육을 하러 갔다. 많은 기업에서는 내게 최고 수준의 대접을 해준다. 가령 집 앞까지 승용차를 보내줘 편안하게 연수원까지 갈 수 있고, 담당자도 강사인 나를 극진히 대접한다. 좋은 교육이 진행되길 바라는 마음임을 잘 알기에 나도 최선을 다한다. 보통 신입사원 교육의 담당자는 대리급이 많다. 그리고 신입사원을 더욱 친밀하게 관리해 주는 '선배 사원'이 팀별로 배치되어 연수원 생활에 도움을 주곤 한다. 나이가 한참 많은 내 입장에서는 대리, 선배 사원, 신입사원, 모두가 예쁘기만 하다. 특히 신입사원 교육은 교육의 꽃이라고 할 만큼 열정 넘치고,

행복한 경험이다.

"대리님, 신입사원들 너무 예쁘죠.""네, 그럼요. 힘들게 입사한 친구들이라 안타까운 마음도 있고요. 그래서 더 정이 가네요. 오늘 잘 부탁드립니다." 교육담당자의 애정 어린 이야기를 듣고 가슴이 따뜻해졌다.

"주임님, 강사님 강의안 세팅 아직도 안 된 거예요? 지금 뭐 하고 있어요? 어휴." 어라, 조금 전에 나에게 신입사원이 안쓰럽고, 예쁘다며 이야기했던 사람인데, 자신의 직속 후배에게 지시하는 말투는 쌀쌀맞기 그지없다. 갑자기 분위기가 싸해져서 내가 몸 둘 바를 모를 정도였다. '원래는 친절한 사람인데, 자신의 후배에게는 군기 잡고 일을 제대로 알려줘야 해서 저런 행동을 보이는 걸까? 나중에 저 신입사원들이 부서 배치를 받으면 다들 저런 소통 방법을 경험하게 되는 걸까?' 온갖 생각이 머리를 스친다.

물론 이런 말투 하나만으로 사람을 판단하는 건 옳지 않고, 섣불리 꼰대라고 단정 짓기도 어렵다. 그러나 나는 소통과 조직문화를 공부한 사람으로, 말 한마디로 어떻게 상대의 업무 능력을 마비시키는지, 얼마나 부정적인 영향을 주는지 너무도 잘 알기에 가슴 아팠다. 아직 대리급, 30대 초중반 밖에 안 되는데 왜 이렇게 행동할까? 나에게 그토록 친절했던 분이 자신의 후배에게는 왜 꼰대짓을 하게 된 것일까? 물론 '그 후배가 일을 잘 못하니까, 그럴 만한 이유가 있어서 그러겠지.' 생각하는 분들도 있을 것이다. 그러나 외부 강사가 지금 같은 공간에 있는데, 과연 긍정적인 영향력을 행사하는 행동이었을까? 그 후배의 발전에 과연 어떤 도움이 될까?

앞선 사람인의 조사 결과 중, 젊꼰들의 특징 중 하나가 생각난다. "다 너 생각해서 해 주는 말이다." 생각해서 해주는 말은 좋게 하면 안 되는 걸까? 꼰대는 꼭 권위적인 태도나 조금 예스러운 매너뿐만 아니라, 너무 많은 성공의 경험에서 나타나기도 한다. 단군 이래 최고의 스펙이라 하지 않던가. 너무나 강력한 스펙이라는 무기가 있으니 안하무인이 되는지도 모르겠다. 게다가 이렇게 열심히 스펙을 쌓고 어렵게 취업을 해서 대리가 되었는데, 이들(밀레니얼 세대)의 특징을 '가난'이라고 했다. 그 억울함을 이렇게라도 풀어야 했던 것인가?

꼰대가 되는 이유야 다양하겠지만, 꼰대 문화 아래 자연스럽게 몸에 익혀서, 윗사람이라는 권위에 도취되어 이런 행동을 한다는 것이다. 호된 시집살이를 한 시어머니가 며느리에게 시집살이를 시킨다는 옛말이 있다. 어릴 적 봤던 〈완장〉이라는 드라마도 생각난다. 완장을 차게 되는 순간 갑자기 사람이 변한다. "자리가 사람을 만든다"는 말도 떠오른다. 결국 다 좋은 의미는 아니다.

Z세대가 선배 세대를 '비인부전'으로 대하게 되는 시기가 나에게도 올지 모른다고 생각해 보길 바란다. "대접받고 싶은 대로 남에게 하라Treat others as you wish to be treated"는 말이 있듯이 어쩌면 선배 대접을 받기 위해 꼰대짓을 하는지도 모르지만 결국 자신에게 화살로 돌아오게 됨을 기억하라.

게으름과 핑계,
꼰대행 급행열차

사람들은 "몇 살부터 꼰대일까요?"라는 질문에 늘 자신보다 대여섯 살 정도 많게 답한다. 30대는 40대는 돼야, 40대는 50대 정도라고 답한다. 50대 역시 본인은 꼰대가 아니라고 생각하는지, 60대 정도 돼야 꼰대라고 한다. 최근에는 건강관리나 자기관리를 잘해서 그런지, 전에 비해 외모는 물론 건강 나이도 많이 젊어졌다. 40세도 아직은 젊다는 견해가 많다. 따라서 45세는 되어야 꼰대 아니냐는 답이 우세하다.

드라마 〈슬기로운 의사생활〉에는 다섯 명의 대학병원 교수가 주인공으로 등장한다. 이들은 99학번으로, 2000년에 성인이 된 밀레니얼 세대다. 그런데 드라마 속에서는 꼰대로 표현된다. 젊은 전공의가 하는 신조어를 못 알아듣는가 하면, 일부러 자리를 피해 주는 모습도 나온다. 신조어를 모른다고 꼰대는 아니지만, 작가는 말을 못 알아듣는 장면에서 세대 차이를 표현하고 싶었던 듯하다.

정의하자면 '꼰대는 나이 불문'이다. 나이가 들어도 꼰대가 아닌 선배들도 분명히 있다. 반대로 어린 나이에도 불구하고 꼰대인 사람도 분명히 있다. 꼰대의 특징을 나열해 보자.

- 자신이 늘 옳다고 주장한다
- 상대방은 늘 틀리다고 말한다
- 자신과 다른 의견을 들으면 불편해한다
- 새로운 변화를 받아들이기 힘들어한다
- 자신의 경험을 맹신한다
- 나이, 서열을 중요시 여긴다

우리는 왠지 꽉 막혀보이는 사람들에게 꼰대라고 한다. 꼰대가 되는 이유를 다양하게 분석하지만, 새로운 걸 받아들이지 못하는 뇌의 노화 현상으로 보기도 한다. 우리의 뇌에는 기억력과 학습능력을 담당하는 '해마'라는 기관이 있다. 나이가 들면서 해마의 크기는 연간 0.5퍼센트씩 줄어든다고 한다. 우리가 나이가 들어감에 따라 '예전 같지 않아. 기억이 잘 안 나네'라고 느껴지는 이유는 바로 해마의 크기가 작아지면서 나타나는 자연스러운 일인지도 모른다.

코로나19 이후, 내 일터에도 큰 변화가 나타났다. 사람들을 만날 수 없으니, 대면 교육이 사라진 것이다. 온라인으로 비대면 교육을 하려니 모든 교육생이 PC나 태블릿을 갖추고 있는 상황이 아니었다. 지금처럼 비대면 교육이 보편화되기 전, 몇 달간은 강의를 마치 유튜브처럼 촬영해서 보내달라는 요청이 있었다. 온라인 콘텐츠 제작 경험이 많은 편이었지만, 막상 혼자 해보려니 막막했다. 카메라를 설치해서 촬영하고 편집하는 이런 일은 사실 X세대에게 익숙하지는 않다. 늘 누군가의 도움으로 해왔지, 직접 하려니 어떤 것부터 해야 할지 감이 오질 않았다.

우선 카메라를 먼저 사야 했다. 인터넷으로 검색해 봤지만, 사전 지식이 없으니 매장에 직접 가서 용도를 설명하고 적당한 카메라를 구입했다. 촬영을 시작하는데, 음향이 영 마음에 들지 않는다. 다시 매장을 방문해 카메라에 적합한 마이크를 사려 했으나, 생각보다 훨씬 비쌌다. 음향 전문점에 가면 더 저렴하고 좋은 품질의 마이크를 구할 수 있다고 직원이 소개해 준다. 설명을 덧붙이면서. "조금 검색하면 돼요." 그런데 웬걸, 아무리 검색을 해도 나오지 않아, 우여곡절 끝에 방송 관련 일을 하는 분께 소개받아

적당한 제품을 구입했다.

이제 촬영을 마치고, 편집을 할 차례다. 처음엔 아르바이트를 구하려고 했지만, 나의 교육 의도와 다른 방향으로 변질될까 우려한 지인들이 편집은 직접 하라는 조언을 해줬다. 어떤 프로그램을 사용해야 하는지, 어디서 배워야 하는지 등 매 순간 눈앞이 캄캄했다. 물론 업체에 맡기는 방법도 있으나, 앞으로 내가 살아남으려면 직접 해야 한다는 생각에 과감히 시도했다. 교육학 박사에, 아이를 낳고 딱 한 달 쉰 것을 제외하면 한순간도 손에서 일을 놓은 적이 없다. '내가 늙나 보다'는 생각을 하게 되는 순간이 잦아진 현실에 마음이 아팠다.

어느 날은 Z세대 아들이 다양한 유튜브를 보며 "엄마, 이런 편집을 해봐요. 맥북과 아이패드를 호환해서 같이 사용할 수 있는 기능들이 있는데, 내가 알려줄까요?" 이 말에 나는 단 1초도 망설이지 않고 답했다. "괜찮아. 엄마 그런 기능까지 안 써." 스스로 배울 기회를 차단하는 행동이었다. 지금까지 해온 것만도 충분하다는 생각, 지금까지 한 것도 너무 힘들다는 생각, 지금까지 해온 것들이 편안하다는 생각, 바로 꼰대의 전형이다.

이런 모든 현상이 바로 해마의 노화 때문인지 모른다는 것이다. 우리는 신체 노화 방지를 위해 다양한 노력을 하지 않던가. 운동도 하고, 몸에 좋은 음식도 챙겨 먹는데 왜 생각의 노화, 꼰대가 되어가는 것은 방관하는 것일까.

하버드대학교에서 1952년부터 연구진이 평생 자신들의 IQ를 측정하는 연구를 진행한 결과, 뇌 기능이 평균 10년마다 5퍼센트씩 하락한다는 결과를 찾아냈다. 하지만 연구원 중 25퍼센트는 나이 들어도 뇌 기능이 노화되지 않았다는 것을 발견했다.

나이가 들면서 뇌의 신경세포는 줄어들거나 소멸된다. 이 신경세포들을 연결하는 시냅스도 감소한다. 이렇게 뇌가 줄어들면 인지기능도 떨어진다는 것이다. 집중력이 떨어지고, 결정을 내리거나 계획을 하는 데도 예전과는 다르다. 그러나 하버드대학교의 연구진 중 25퍼센트가 뇌 기능 저하를 보이지 않았듯이, 뇌는 언제든지 지속적인 성장을 할 수 있다고 보고된다. 바로 '뇌 가소성'인데, 해마에서 가장 잘 나타난다. 해마의 크기는 기억력과 학습능력과 상관관계가 있다. 그렇다면 꼰대가 되지 않기 위한 궁극적인 목표는 '뇌의 크기, 곧 해마의 크기를 키우는 것'이 된다. 바로 해마를 키움으로써 꼰대가 되지 않고, 세상의 흐름을 빠르게 읽는 능력을 함께 기르는 것이라 할 수 있겠다.

누구나 과거에는 꼰대 선배를 보고 "나는 저러지 말아야지." 다짐했건만, 시간이 지나면 영락없는 꼰대가 되어간다. 어쩔 수 없다. 우리 모두 늙어가는 과정이다. 단 자기관리를 잘한 사람이라면 본인 나이보다 더 젊은 생각을 할 수 있고, 선망의 대상이 될 수도 있다. 그러니 꼰대는 나이 불문이라는 것이다.

뇌신경학자이자 뉴럭스팬드 브레인 센터 설립자 마지드 포투히 박사는 자신의 저서 《좌뇌와 우뇌 사이》에서 운동량이 많은 노인들이 해마 크기도 크다는 결과에 주목했다. 유산소 운동을 한 그룹은 1년 동안 해마가 2퍼센트 성장했는데, 노화로 매년 0.5퍼센트 줄어드는 걸 계산하면 운동으로 노화를 4년 정도 늦출 수 있다는 뜻이다. 또 튼튼한 어린이는 평범한 어린이에 비해 최대 12퍼센트나 해마가 큰 것으로 나타났다.

운동으로 비만 관리를 하는 것과 해마의 크기도 관련이 있다. 프레이밍햄 심장 연구는 1948년 심혈관계질환을 일으키는 요인을 조사하고자 5천200명을 추적조사했다. 지금도 그들의 손자들을 대상으로 연구는 진행중이다. 이 연구 결과에 의하면 비만인 사람들이 그렇지 않은 사람들에 비해 뇌의 크기가 8퍼센트 작은 것으로 나타났다. 해마뿐만 아니라, 주의력을 관장하는 전두엽, 언어를 담당하는 측두엽 등이 위축되는 것으로 나타났다. 나이가 들면서 또는 자기 관리가 덜 되어 조금 둔해진 느낌이 든다면, 바로 운동을 시작해야 할 이유다.

운동뿐 아니라, 명상도 도움된다. 10분 정도만 호흡에 집중하는 명상이 해마에 도움이 된다는 연구 결과가 최근에 발표되었다. 명상이 스트레스 호르몬인 코르티솔의 수치를 감소시킨다는 결과도 아주 의미가 크다. 미국 록펠러대학교 브루스 맥쿠엔 교수의 연구 결과에 의하면 "만성 스트레스에 노출되면 해마가 위축된다"고 했다. 명상으로 스트레스로 분비된 코르티솔의 수치를 낮추면 이를 통해 해마에 긍정적인 영향을 줄 수 있다.

꼰대가 되지 않는 방법이 운동과 명상이라니. 물론 이밖에 다양한 방법을 뒤에서도 설명할 것이다. 여기서 말하고 싶은 것은 꼰대가 개인의 사고방식이나 가치관일 수도 있지만 노화의 한 과정일 수도 있다는 것이다. 건강의 중요성에 대해 잘 알고, 최근에는 운동도 체계적으로 하며 살을 찌우지 않기 위해 많은 사람이 노력한다. 몸을 단련하는 것에 대해 지금은 인식이 많이 개선되었다. 그런데 실천을 하는 사람이 얼마나 되는지 자문해 보자. 하루하루 버티는 삶을 살다 보면 어느 순간 나를 놓게 된다. 그 순간 우리가 꼰대가 된다는 것이다. 꼰대는 나이 불문이다. 자기관리를 얼마나 잘하고 있는지 스스로 물어보길 바란다.

▼

꼰대 아닌 어른, 가수 배철수

남편이 TV를 보다가 나를 부른다. TV 정규 프로그램을 안 본 지 꽤 오래됐고, 최근에는 마음에 드는 영화나 콘텐츠를 골라서 보거나, 뉴스만 보는 정도다. 남편이 나를 부르게 만들었던 프로그램은 〈대화의 희열〉, 그날은 가수 배철수가 게스트로 나오는 편이었다. 프로그램은 아이패드를 손에 들고 어느 지하 카페로 내려가는 모습으로 시작된다. 백발에 가까운 머리, 그런데 계단을 내려가는 뒷모습이 굉장히 날렵해 보인다. 즉각 나이를 검색했는데 53년생, 당시(2019년) 67세였다. 외모로 사람을 평가하고자 함이 아니다. 뒷모습이나 걸음걸이만 봐도 우리는 나이가 가늠이 된다. 흰머리와는 상반된 경쾌한 발걸음에 프로그램에 대한 기대감이 절로 생겼다.

프로그램의 MC 유희열이 "아이패드 형님이 직접 사용하시는 거예요? 저희 좀 보여주세요"라며 질문하자 자신이 음악을 듣고 직접 사용하는 아이패드라며 보여주는데, 손놀림이 아주 가볍다. IT 기기를 다루는 손동작이 20대와 50대가 다르다는 것 잘 알 것이다. 곧 70세가 되는 분의 손놀림이라는 생각이 들지 않는다.

내가 교육에서 이 이야기를 전하면 "아이패드 먼저 사야겠네"라고 하는 분이 한두 명은 꼭 있다. 아주 좋은 징조다. 그러나 "아이패드나 탭이 있어도 수첩에 메모해요"라는 분도 있다. 꼭 다양한 IT 기기의 사용 여부에 따라 '꼰대이고 아니고'를 결정하는 건 아니다. 내가 강조하는 것은 새로운 걸 받아들이는 자세와 마음가짐이며, 새로운 걸 받아들이기 힘들어지고 예전 것을 고수하고자 하는 마음이 뇌의 노화, 다시 말해 해마의 크기와 직접적인 관련이 있음을 말하고 싶다.

"젊게 사세요. 마음을 고쳐먹으세요"라는 말보다는 조금 과학적으로 접근하기를 권한다. 마음을 고쳐먹는 방법보다 운동을 하거나 명상 등 실질적인 방법으로 해마를 키우려는 시도가 더욱 효과적이고 과학적인 방법이기 때문이다. 날렵한 뒷모습을 보여줬던 가수 배철수는 철저한 자기관리로 신체는 물론 뇌 건강까지도 지켜내고 있었음에 틀림없다. 운동이 중요한 것은 누구나 잘 안다. 반복해서 말한다. 실천하는 사람은 몇 안 된다. 시간이 없다는 핑계로, 혹은 게으른 습관 때문에 말이다. 이제는 운동이 신체의 건강뿐만 아니라 뇌 건강, 다시 말해 꼰대 탈출의 지름길임을 다시한번 기억하길 바란다.

2장

MZ세대,
그들은 왜?

핫한 MZ세대, 그들도 꼰대가 된다

중건기업 또는 스타트업 CEO를 대상으로 교육을 진행할 때가 많다. CEO 커뮤니티는 우리 사회에 굉장히 많은데, 서로 정보를 주고받고 인맥을 다지기도 한다. 나 또한 다양한 CEO 모임에 초대받아 리더십이나 HRD 관점에 기반한 조직관리 등을 이야기한다.

그 모임에서 본 30대 중반의 스타트업 CEO는 언제나 공손하고 선배 CEO들의 이야기를 귀 기울여서 듣는 모습이 인상적이었다. 그런데 한 행사와 관련된 일로 우리 회사 직원이 그 CEO에게 전화했는데 "라운드 중인데, 이 시간에 전화하면 어떡해요. 아휴"라며 모임에서는 전혀 상상하지 못했던 모습이더란다. 평소에 본인 직원들을 위해 얼마나 애쓰는지 늘 이야기했던 터라 더욱 실망이 컸다. 꼰대짓 중 하나가 바로 사람에 따라 다른 행동을 하는 것인데, 내가 직접 그 CEO에게 전화했을 때는 그렇게 예의 바를 수 없었다.

'대기업 꼰대 피하려다 판교서 젊꼰 만났네요' 최근에 접한 신문기사 헤드라인이다. 판교는 IT 기업과 신생 스타트업이 모여 있는 곳이다. 패기에 가득 차서 사업을 시작하던 때와는 달리 성공한 젊은 CEO들에게 꼰대스러운 모습이 종종 보인다는 것인데, 최근 들어 이런 이야기가 들려오는 이유는 무엇일까? 젊은 대표이니 사고도 젊을 것이라는 기대를 했고, 실리콘밸리처럼 창의적인 아이디어를 마구 쏟아내며 진지하면서도 자유로운 분위기의 직장생활을 꿈꿨는데, 꼰대짓에 하나둘씩 실망하게 된다. 또 CEO들이 본인의 성공 경험이 곧 정답인 양 꼰대짓을 하는가 하면, 회사 규모가 커지면서 대기업 출신 임원을 영입하고, 결국은 대기업의 권위적인 시스템을 따라가더라는 것이다.[*]

성공 경험이 꼰대를 만드는 건 개인에게 국한된 이야기는 아니

---

[*] 〈"대기업 꼰대 피하려다 판교서 '젊꼰' 만났네요"…스타트업 탈출하는 MZ세대〉, 《매일경제》, 2021.8.4.

다. 대한민국 대표 IT 기업인 네이버와 카카오도 수평적 조직문화라 알려진 것과는 달리, 상사의 갑질 등이 세상에 알려지면서 '젊은 꼰대' 기업으로 전락한 것이 아닌가 의구심을 갖게 했다. 몇 년 전만 해도 IT 기업은 수평적인 문화의 대명사였다. 대학생들은 권위적인 공기업이나 살아남기 위해 치열한 경쟁을 해야 하는 대기업 대신 워라밸과 창의적인 발전을 위해 IT 기업이나 신생 기업에 취업하길 선호하기도 했다. 하지만 기업이 성장하면서 대기업과 비슷한 규모에 조직원도 많아지니 관리가 힘들어지게 된 것이다. 수평적인 소통 문화는 일부 사람들(임원들)끼리의 의사결정으로 변질되고, 업무 강도는 높아지는데 보상이 적절하지 못하니 불만이 나올 수밖에 없는 것이다. 이렇게 기업도 꼰대가 된다.

한 대기업 CEO의 코칭 중 경험한 일이다. 30분 단위로 일정이 있는 바쁜 일과 중에도 다양한 이유로 개인 코칭을 의뢰하는데 이 CEO의 경우 젊은 세대 직원에 대한 이해, 변화된 구성원의 이해를 비롯해 직원과 신뢰를 쌓기 위한 다양한 전략 구상이 필요했다. 코칭 후, 보통은 담당 임원과 관련 내용에 대해 피드백을 주고받는 시간을 갖는다. 최근 대기업 임원의 나이가 젊어져서 30대 후반 혹은 40대 초반의 후기 밀레니얼 세대가 많은데, 그 꼰대짓은 나를 향한다. "그 부분에서 박사님이 잘못 말씀하셨습니다. 대표님께서 기분이 안 좋으셨을 겁니다. 제가 대표님을 잘 알거든요."

예정된 CEO 코칭 세션이 끝나고 담당 임원과 편하게 식사하면서 허심탄회하게 이야기할 수 있었다. 너무 바른 소리를 하다가 회사를 그만두게 된 선배 임원을 보게 되었고, 본인도 그런 보호 본능이 발동했단다. 중간에서 CEO를 대변하듯 듣기 좋은 소리만 해야 하고, CEO 대신 꼰대짓을 하게 되었다는 것이다. 스스로도 문득 '내가 왜 이러고 있지?'라고 생각하지만, 조직에서 살아남아야 하니 결국 구성원들은 또 다른 이들에게 꼰대 행동을 하게 되는 것이 아닐까. 이를 후배 직원은 '나는 저러지 말아야지' 하면서도 알게 모르게 배우게 된다는 것이다.

하버드대학교 경영대학원 전 교수인 클레이턴 크리스텐슨은 당시 인텔 CEO였던 앤디 그로브에게 코칭 요청을 받았다. 크리스텐슨 교수는 인텔 본사가 있는 실리콘밸리에 가서 중요한 한 마디를 한다. "위험을 무릅쓰고 새로운 혁신을 하지 않는 기업들은 자연스럽게 사라질 것이다." 이 말에 앤디 그로브는 크게 감동해 "성공하면 나태해지고, 나태해지면 망하게 된다"는 기조로 혁신을 거듭한다. 성공 경험이 있으면 그 성공에 얽매이게 되고, 따라서 나태해지고, 관행을 따르게 되고, 현재를 유지하는 데만 급급할 뿐, 큰 변화에는 힘을 쓰지 않게 된다는 것이다. 바로 성공의 경험이 꼰대 개인, 더 나아가 꼰대 기업을 양성하게 되는 것이다. 한국 조직 문화가 꼰대를 양성하는 건 아닌지 돌아보게 된다. 자신의 긍정적인 발전을 고민하는 MZ세대라면 시대적, 세대적 방관에 손 놓고 있지만은 않을 것이라 생각한다. 발전 방법을 찾아보고 작은 노력이라도 해야 한다고 강조하고 싶다.

친구 같은 상사,
가족 같은 회사

'엄격하신 아버지와 온화한 성품의 어머니 사이에서 장녀로 태어나' X세대인 내 어릴 적 자기소개서 첫 문장은 이렇게 시작했다. 나만의 경험이었을까? 우리는 왜 엄격하신 아버지를 꼭 집안의 자랑처럼 이야기했을까? 그런데 언젠가부터 '딸바보'라는 말이 등장하면서 권위적인 아버지의 모습이 사라지기 시작했다. 딸바보, 친구 같은 아빠 등 이런 수평적인 가족 문화 안에서 성장한 MZ세대는 좀처럼 어른들을 두려워하지 않는다. 그뿐만 아니라 할머니, 할아버지와 다 함께 살면서 문안 인사를 드리고, 먼저 수저를 드셔야 밥을 먹을 수 있는 경험을 해본 이가 얼마나 될까? 너무나 바쁜 핵가족 안에서 각자의 시간에 맞춰서 식사하고 출근하고, 등교하고, 학원에 가기 바빴다. 이전 세대의 생활 모습과 다르다 보니, 집안에서 위계라는 걸 경험해 본 적이 드물다.

그런 이유일까. 2020년 3월, MZ세대 2천708명을 대상으로 가장 입사하고 싶은 기업의 유형에 대한 설문조사에서 '자유롭고 수평적인 소통 문화를 가진 기업'이라는 답이 첫 번째로 나왔다.[*] MZ세대가 수평적인 소통 문화를 원하는 이유는 그들의 성장 배경에서 찾아볼 수 있다. 주 5일 근무를 하는 요즘에도 우리는 가족보다 더 오랜 시간을 직장동료와 보낸다. 주 6일 근무를 했던 기성세대에게 직장동료는 말 그대로 제2의 가족이었다. 토요일 근무도 모자라 일요일에도 등산이며, 부부동반, 가족모임을 함께 했다. 이 시기에는 늘 '가족 같은 회사'라는 슬로건이 따라다녔다.

참 아이러니하게도 MZ세대도 '가족 같은 회사'를 원한다. 그런데, 서로가 생각하는 가족의 모습이 다르다. 김현정 교수의 책《90년생이 사무실에 들어오셨습니다》에서 말하길 자신들을 좀 더 지지해 주고, 수평적인 분위기의 가족 같은 회사를 원하는 것이다.

다섯 자매인 친구 이야기다. 친구 부모님은 아들을 낳으려는 소

---

[*] 〈가장 입사하기 싫은 기업 유형〉, 사람인, 2020.

망에 딸을 다섯 명이나 낳았다고 한다. 하루는 그 친구 집에 놀러 갔는데, 현관 앞에 귤 한 박스가 놓여 있었다. 친구가 신발을 벗고 현관에 들어서자마자 책가방에 귤을 한가득 챙겨서 본인 책상 서랍에 넣는 모습에 놀랐던 기억이 있다. 워낙 형제가 많으니, 본인이 먹을 건 알아서 챙겨 놔야 했다. 어느 대학에서 이 에피소드를 꺼낸 적이 있는데, 이야기를 듣던 한 대학생이 놀라며 "우리 엄마는 귤을 까서 입에 넣어주셨는데"라고 한다. 이런 모습이 MZ세대의 경험이다. 1980~2000년의 출생률이 평균 1.5명이다. 75퍼센트 내외가 외동 또는 막내라는 결과가 나온다. '엄마가 귤을 까서 입어 넣어주는' 물리적인 케어가 가능하다. 말해 뭐하겠는가. 외동 아들을 키우는 우리집도 비슷한 상황이다.

▼

수평적인 조직이 되려면

MZ세대의 대변인, 펭수가 한 말이다. "사장님이 친구 같아야 회사도 잘 된다." 정말 명대사다. MZ세대는 정말 가족 같은 회사를 원하는 모양이다. MZ세대가 원하는 조직이 되려면 기업들은 어떻게 하면 될까? 2020년 4월 사람인이 451개 기업을 대상으로 'MZ 세대가 회사에 원하는 것이 이전 세대와 다른지에 대한 여부'를 조사했더니 88.2퍼센트가 '다르다'고 답변했다. 기존에 고수하던 방법으로는 MZ세대가 원하는 회사가 되기는 어렵다는 것이다. 그래서 응답 기업의 82퍼센트는 MZ세대 인재 관리를 위해 조직문화를 변화시킨 부분이 있다고 밝혔다. 구체적으로는 워라밸 보장이 51.4퍼센트로 가장 많았다.[*]

워라밸은 수평적인 조직문화에서 가장 중요한 근무 조건이다. 업무를 다 마치고도 눈치 보느라 퇴근하지 못하는 문화는 여전히 존재한다. 오래 앉아 있어야 성실한 것으로 오해하는 윗분들이 아직도 있다. 근태로 성실성을 평가하는 것만큼 전근대적인 방법이 없다. 더군다나 코로나19 상황에선 근태로 성과를 평가하는 것은 더욱 힘든 일이다. 이미 대니얼 쿡의 실험 '야근의 역설'로 근무시간과 업무 효율성이 반비례하다는 건 과학적으로 증명된 바 있다. 수평적인 조직문화가 되기 위해서는 서로 간에 신뢰가 필요하다. 눈에 보이는 모습으로만 판단해서는 안 된다는 것이다. 눈에 안 보이는 모습까지도 믿어줘야 한다. 기성세대나 X세대는 야근을 염두에 두고 업무를 한 적이 없었는지 가슴에 손을 얹고 생각해보자. "어차피 야근할 건데" 했던 기억이 있을 것이다. '보여주기식 야근'은 이제 그만 하자. 그렇다고 선배가 MZ세대 직원을 먼저

---

[*] 〈MZ세대가 이전 세대에 비해 회사에 원하는 것이 다른지 여부〉, 사람인, 2020.

퇴근시키는 것도 옳은 방법은 아니다. "너희들 먼저 가라." 이것도 바람직하지 않다. 모두가 정해진 시간에 집중해서 정해진 업무를 마칠 수 있는 조직문화를 만들도록 하자. 일은 효율적으로 하는 게 맞다. 잘 쉬고 와야 더욱 효율적으로 업무에 임할 수 있다. 퇴근을 빨리하는 MZ세대의 뛰어난 역량을 인정하라. 기성세대가 열 시간에만 할 일을 그들은 다섯 시간 안에 할 수 있을지 모른다. 의심의 눈초리를 거두고 신뢰의 눈으로 바라보자.

X세대나 베이비부머 세대도 영포티, 뉴그레이가 되려고 엄청나게 노력 중이다. 그런데 노력이 잘 드러나지 않는다는 것이 문제다. 수평적이고 가족 같은 회사를 만들기 원한다면, 당장 옆에 있는 MZ세대의 이야기를 귀 기울여 잘 듣는 것부터 해보면 어떨까? 이해가 잘 되지 않는 부분이 참 많겠지만, 새로운 문화를 배우는 기회라 생각하고 잘 들어야 한다. 그럼 꼰대가 아닌, 조금 세련된 어른으로 거듭나게 된다.

최근 많은 자기계발서와 조직들은 온통 'MZ세대의 이해'를 슬로건으로 내세우고 있다. 이러한 세태에 힘입어, MZ세대는 마치 자신들이 세상의 대세인 양 생각하는 경향도 눈에 보인다. MZ세대도 합리적인 사회생활을 위해 젊은 꼰대가 되지 않으려는 노력을 매순간 해야 한다. MZ세대도 알파세대를 후배로 맞이할 날이 온다.

제 업무는
누구한테 물어보죠?

▼

그 정돈 알아서 해야지
VS. 뭘 알아야 알아서 하죠

"우리 때는 다 알아서 했는데 말이지." X세대나 베이비부머 세대가 직장생활을 시작하던 때에는 정말 다 알아서 했을 수 있다. 그 시절에는 알아서 하는 일이 가능하거나 상황적으로 알아서 해도 됐던 시절이었는지 모른다. 조직마다 다를 수는 있지만, 업무 분장은 직무 분석이라는 과정을 통해 최근 20~30년 사이에 정착

했다. 베이비부머 세대 혹은 X세대가 그 과정을 경험했을 것이다. 가끔은 해당 세대 본인이 그 기준을 만들기도 했고, 그래서 칭찬을 듣기도 했다. 그만큼 업무 기준이 모호하기도 했다.

기성세대나 X세대는 길이 없는 곳을 개척하며 일단 해보는 게 당연했다. 개척정신, 도전정신을 미덕이라 생각하며 살아왔다면, MZ세대는 잘 닦인 길을 이용해서 효율성을 높이며 사는 세대다. 기존에 있는 길이라면 어디에 뭐가 있는지, 어떻게 하면 그 길로 갈 수 있는지 정보를 더 많이 알기를 원한다.

그럼 그 순간 이런 생각이 또 들 것이다. "그래서 우리 조직에서 신입사원 교육을 공들여서 한다." 그 신입사원 교육 내용을 자세히 살펴볼 필요가 있다. 대기업이나 중견기업의 신입사원으로 입사한 경험이 있다면 잘 알 것이다. 기업 역사는 기본이고 창업주 어록이나 가족관계를 외우는 곳도 있다. 아직도 '○○맨'을 만들기 위한 교육을 한다. 정작 업무 내용보다는 기업의 가치에 대해 더 많은 시간을 할애한다. 그래서 신입사원이 막상 업무를 시작하면 아무것도 모른 채 책상에 앉는 경우가 대부분이다. 결국 다 새로 배워야 한다. 그런데 누구한테 뭘 어떻게 배우냐는 것이다.

기업이 하고 싶은 말, 기성세대가 하고 싶은 말로 구성된 교육이라면 MZ세대 신입사원에게는 유용하지 않을 것이다. 신입사원에게 필요한 것이 무엇인지 확인해 맞춤형 교육을 제공해야 한다. 이러한 상황은 조직 적응과도 관련이 있다. 〈하버드 비즈니스 리뷰〉에 실린 연구에 따르면, 신입사원을 교육할 때, 기업 정체성과 기업의 니즈에 따른 교육보다는 신입사원의 개인 정체성에 초점을 맞춰 교육을 진행한 경우에 입사 후 6개월 뒤까지 회사에 남아 있는 비율이 35퍼센트 증가했다는 보고가 있다.

　교육의 패러다임을 전환할 필요가 있다. 꼭 교육의 형태를 갖출 필요가 없다는 말이다. 어차피 기업의 공채가 사라지고 있는 분위기다. 공채가 사라지면 기존 세대가 경험했던, '교육의 꽃'이라 불리던 '신입사원 교육'은 역사 속으로 사라질 것이다. MZ세대를 위한 '개인 멘토'나 '버디 지원'을 통한 교육이 아주 좋은 방법이 될 수 있다고 본다.

▼

멘토, 버디를 통한
MZ세대 밀착 관리

2019년 미국건설협회 소속 MZ세대 직원의 장기근속 비결에 관한 조사내용을 보면, 조직에서 소중한 일부라는 느낌을 받을 수 있게 멘토나 버디를 배정한 덕분이라는 결과가 있다. 여기서 '버디'란, 멘토보다는 조금 더 비공식적이고 친근한 동료를 의미한다. 멘토나 버디는 신입사원 교육에서처럼 지식을 전달하지는 않지만, 신입사원이 믿고 질문하고 정보를 얻을 수 있는 인간관계를 제공할 수 있다. MZ세대 입장에서는 공식적인 교육이 끝나도 여전히 모르는 것이 많다. 예를 들어 주변 정보, 조직문화 또는 개인적 커리어 고민 등이다. 예전 같으면 시행착오를 겪는 게 당연하지만, 알려주면 조금 더 빠르게 적응할 수 있는걸 굳이 알아서 배우게 두어 MZ세대 신입사원이 당황하게 할 필요는 없다는 것이다. '적응하겠지?' 하고 뒀다가는 너무 늦어질 수도 있다.

대기업의 신입사원 공채가 사라지고 있다. 공채가 사라진다면 사실상 공적인 교육도 없어질 것이다. 앞으로 신입사원의 조직 적응은 더욱 큰 이슈가 될 것이다. 최근엔 입사 전부터 멘토나 버디를 매칭시켜 신입사원의 조직 적응을 돕는 기업도 있다. 취업준비생들은 오픈 채팅방을 비롯한 다양한 채널을 통해 취업 정보를 얻기 위해 불특정 다수와 다양한 소통을 하고 있다. 입사가 정해졌다면 신입사원 입장에서는 궁금한 내용이 많다. '입사해서 하나씩 가르쳐야지'라는 생각으로 내버려 뒀다가는 다른 곳으로 신입사원을 빼앗길지 모른다. 다양한 소통 창구를 통해 적응을 도와야 한다.

또 멘토나 버디는 신입사원에게 친구 같은 존재인 동시에 안전망이다. 마치 매니저처럼 MZ세대 신입사원을 세밀하게 관리한다.

소수의 신입사원이 입사하는 요즘, 기업 입장에서도 밀착 관리는 충분히 가능하다. 이 정도의 정성은 보여야 한다. 단, 관심을 바탕으로 하고, 상대가 간섭이라 느끼게 해선 안 된다.

관심과 간섭을 어떻게 구분할까? 시간이다. 시간이 짧으면 관심이고, 길면 간섭이다. '커피라도 마시면서 이야기 좀 해야지'라는 생각보다는 필요할 때마다 짧게나마 소통하는 것이 관심이다. 선배 입장에선 시간을 좀 내서 멋진 말을 해 줘야 할 것처럼 느낄 수도 있지만 MZ세대는 그런 소통법이 익숙하지 않다. 바쁜 학창 시절을 지나오면서 짧지만 수시로 필요할 때, 즉각적으로 소통하며 성장했다. 대화 시간이 길어지면 결국 "라떼는"으로 이어진다. MZ세대는 긴 조언보다는 팩트를 원한다. 시대가 다르고 개개인마다 적용 범위가 다르기 때문에, 팩트만 전달받고 스스로 판단하도록 돼야 한다. 그런 이유로 개개인 맞춤형 관리를 위해서 단체가 함께 받는 신입사원 교육보다 멘토나 버디를 활용하도록 하는 것이다.

그렇다면 멘토나 버디 역할을 수행하는 선배에게는 어떤 이점이 있을까? 리더십을 함양할 수 있는 기회다. 자칫하면 젊꼰이 될지도 모르는 나이인데 꼰대가 아닌 멋진 선배, 어른으로 거듭날 수 있다. 그들도 최근까지는 누군가의 보살핌의 대상이었을 것이다. 이제는 젊꼰이 아닌 리더로 성숙해질 단계다. 누군가의 보살핌을 받던 입장에서 누군가를 잘 키워낼 차례고, 동반 성장에 뿌듯함을 느끼게 될 것이다. '교학상장敎學相長'이라는 말이 있듯이, 가르치면서 배우게 된다.

동기부여는
원동력 그 이상

▼

감히 '왜'라니?

'왜?'라는 단어는 사회생활을 하면서 거의 금기어로 통했다. "저 친구는 말끝마다 이유를 다네." 이런 말 한두 번 듣다보면 저도 모르게 "왜?"라는 단어는 싹 사라지게 된다. 잘 알고 지내는 인사담당자가 최근 업무가 너무 어렵다는 고민을 토로해 왔다. 채용 과정에서 불합격한 지원자의 불합격 이유를 묻는 전화나 메일이 너무 많아졌다는 것이다. 예전에는 이런 일이 간혹 있어서 기사화되기도 했으나, 이제는 늘 있는 일이라 기사도 안 난단다.

"이번에 지원했던 ○○○입니다. 불합격한 이유를 알고 싶습니다."

"이번에 지원한 ○○○ 엄마인데요. 저희 아이가 ○○○의 스펙을 갖고 있는데 불합격 이유가 뭐죠?"

최근에는 부모도 자녀의 취업에 깊숙이 관여하기에 전화나 이메일 문의가 아주 빈번하고, 어려서부터 MZ세대는 본인이 하는 행동에 이유와 근거가 분명하지 않으면 행동하지 않았기 때문에 이런 일이 잦아졌다고 한다. 따라서 입사를 한 후에도 마찬가지의 일들이 벌어진다. 동기가 먼저 진급하면 그 이유를 묻는 등 인사 담당자가 예전에는 인사권을 쥐고 있다는 무언의 힘이 있었지만 지금은 전혀 아니라는 것이다.

인사팀만의 고민일까? MZ세대와 업무를 하다 보면 "이 일은 왜 해야 하는 거죠?" 등의 근본적인 질문을 많이 받는다. 사실 기성세대나 X세대는 이런 질문을 해본 일이 드물 것이다. "그냥 시키면 해." 궁금하지만 물어봤자 대답은 뻔하기 때문이다.

MZ세대는 정말 말 그대로 '왜 해야 하는지'를 묻는 것이지만 기성세대는 '따지고 묻는다, 이유를 단다'고 받아들인다. 왜 해야 하는지 몰라서 설명 못 하는 건 아닌지, 불필요한 일이라고 생각은 하지만 그저 위에서 시키는 일이라서 하는 건 아닌지, 윗선에 그런 말을 할 자신이 없었던 건 아닌지 생각해 볼 필요가 있다. 왜 이런 관행을 계속 대물림해야 하는 걸까.

사실 이런 상황이 아니어도 보통 상사에게 친절하거나 배려 깊은 말을 듣기는 쉽지 않다. 모두에게 달성해야 하는 성과가 있다 보니 예민하고 험해질 수밖에 없고, 시간이 지나면 내 말투도 점점 분위기에 동화된다. 문제는 아래 세대로 내려갈수록 이런 관행을 당연하게 여기지 않는다는 것이다. 그래서 일까? 2019년 '직장 내 괴롭힘 금지법'이 시행되고 가장 많은 고발 내용은 막말이 가장 많다. 그런데 학창시절을 비롯한 다년간 사회생활에서 "저게 막말인가? 저 정도야 뭐"등 내가 들은 게 막말인지 아닌지 감수성마저 떨어져 버린 경우가 많다. 이를 '직장 갑질 감수성'이라고 한다. 2019년 한 설문조사에서 우리나라 직장인의 직장 갑질 감수성 점수가 68.4점으로 나타났다.* 내가 한 말이 막말인지, 내가 들은 말이 막말인지에 대한 감이 낙제점이라는 것이다. 이런 조직문화에 동화되어 알게 모르게 MZ세대 직원들의 막말 감수성도 계속 떨어지고 있다면 너무 안타까운 일 아닌가.

---

* 〈갑질 감수성 지표 및 직장 내 괴롭힘〉, 직장갑질119, 공공상생연대기금, 2019.

▼

MZ세대를 일하게 하려면

핵가족 안에서 존중과 배려를 받으며 성장한 MZ세대들에게 상사의 막말은 견디기 힘든 문화다. 선생님의 그림자도 밟으면 안 된다고 배웠던 이전 세대와는 전혀 다른 학창시절을 보냈고, 때문에 상사의 막말이나 폭언, 거친 말투를 이겨낼 내성이 없다. 업무 관계에서도 명령과 막말이 오가는 사회적 언어보다는 조금 배려 깊은 말투가 필요하다.

미국의 경영학자 크리스틴 포레스가 17개국 직장인 800여 명을 대상으로 막말을 들은 사람들에게 어떤 부정적인 영향이 미치는지 조사했는데 결과는 다음과 같다.

- 고의로 노동력을 줄였다(48퍼센트)
- 노동에 투여하는 시간을 고의로 단축시켰다(47퍼센트)
- 사건을 걱정하느라 노동시간을 허비했다(80퍼센트)
- 가해자를 회피하느라 노동 시간을 허비했다(63퍼센트)
- 실적이 하락했다(66퍼센트)
- 무례한 언행을 겪다 못해 사직했다(12퍼센트)

중요한 것이 있다. 말만 부드럽게 한다고 해결될 일은 아니다. "이 일을 왜 해야 하죠?" "팀장님께서 시키는 일이야. 우리 한번 잘 해봐요." 어조만 부드러울 뿐, 그 이유를 설명하지 못한다면 동기부여가 되지 않는다. 2019년 밀레니얼 세대를 대상으로 언제 동기부여가 되는지 설문조사를 한 결과, '일을 하면서 개인 역량이 발전됨을 체감할 때'라는 답변이 1위였다. 추가로 '사회에 기여한다고 느낄 때'도 동기부여가 된다는 답변도 있었다.* MZ세대 직원들이 이 업무를 왜 하는지 물었던 건 어쩌면 일의 의미를 찾고 스스로 동기부여를 하기 위해서인지 모른다. 사회 초년생은 업무 경험이 많지 않아 자신이 하는 일이 하찮다고 여길지도 모른다. 선배세대는 MZ세대에게 이런 부분을 이야기해 주면 된다. "그냥 시키면 해"가 아니라, 어떤 부분에 있어서 어떤 의미가 있는지를 알려주면 된다. 이런 이야기는 실제 업무를 통해 성장을 경험해 본 선배만 해줄 수 있다.

MZ세대에게 비전을 물어보고, 서로 공유하는 것도 좋은 동기부여 방법이다. 어차피 현재 직장이 평생 직장이 아니라는 건 모두가 알고 있는 사실이다. 우리는 어떠한 형태로든 이직을 하게 되어 있다. 개인의 비전을 공유하고, 그 비전을 이루기 위해 조직

---

* 〈밀레니얼 세대의 구성원 동기부여 요인〉, 잡코리아, 2019.

을 활용한다면 조금 더 동기부여가 될 것이며, 지금 하고 있는 업무가 개인의 비전과 어떻게 연결고리로 이어질 것인지를 말해 준다면 더더욱 그럴 것이다. 업무의 모든 과정이 MZ세대의 커리어가 될 수 있음을 알려주자. 그러기 위해서는 선배들도 업무에 대해 잘 알고 있어야 한다. "이거 왜 해야 하죠?"라는 질문에 선배가 답을 해주지 못한다면, '본인도 잘 모르는 거 아니야?'라고 선배의 능력을 의심하게 된다는 것을 기억하자.

MZ세대 스스로는 목표와 비전을 설정하고 조직에서 어떻게 성취해 나갈 것인지에 대해, 이제는 부모님이 아니라 선배의 도움을 받도록 하자. 본인의 비전을 이루기 위해 조직을 활용하라고 이야기하고 싶다. 사회 구성원이 된 이상 우리는 모두 어떠한 형태로든 사회활동을 해야 한다. 따라서 끊임없이 나의 발전을 이뤄야 한다. 이제는 선배 세대를 활용하자. 충분히 도와줄 것이다. 왜? 그들도 MZ세대의 역량이 조직에 활용되길 원하기 때문이다. 선배들도 MZ세대를 적극적으로 도와 서로 윈윈이 되길 원하기 때문이다.

피드백 좀
해주시겠어요?

▼
'적당히, 알아서'가 제일 어려워요

"요즘 신입들은 시킨 것만 하지 본인들이 일을 찾아서 하지를 않아." 젊꼰들이 이런 이야기를 하는 걸 종종 듣는다. 하지만 젊꼰들도 몇 년 전까지는 똑같았다. 그런데 시키면 정말 잘하지 않던가? 그럼 문제는 간단하다. 잘할 수 있게 시키면 된다.

X세대나 베이비부머들에 비해 경험이나 인사이트가 부족해 당장의 업무 성과는 나타나지 않을 수 있지만 많은 부분에 있어서

이전 세대보다 앞서는 인재들이 맞다. 인정해야 한다. 스마트한 이들이 '시키는 것만' 잘하는 데는 이유가 있다. 일례로, 학력고사나 수능만 보고 대학에 갔던 세대와는 달리, 학생부 종합 전형이나 특기자 전형 같은 다양한 전형 방법을 통해 대학에 진학한다. 수시 전형이란 내신성적, 교과학습내용, 독서, 수상, 창의적 체험 활동 등 생활기록부 내용을 종합적으로 평가해서 학생을 선발하는 입시제도다. 한 번의 시험이 아닌, 매 순간의 평가로 내가 어떤 대학을 갈 수 있는지가 달렸다. 따라서 선생님이 제시하는 평가 기준에 따라 과제를 수행해야 한다.

Z세대 아들에게 시간 날 때 수행평가를 미리미리 준비하라고 하면 "수행평가 기준이 안 나왔는데 어떻게 미리 해요?"라는 말을 듣는다. 미리 했다가 헛수고할 수도 있어서다. 이처럼 MZ세대는 평가 기준이 있어야 행동한다. 대학에 맞춰 스펙을 만들었고, 진학한 후에도 원하는 직무에 맞는 스펙을 쌓기 위해 계획된 삶을 살아왔다. 예전에는 뭐든 도움이 될 것이라는 생각에 각종 자격증을 무분별하게 취득하는 '자격증 컬렉터'가 있었지만, 이것도 옛말이다. MZ세대는 효율을 중요시한다는 의미다.

"내가 지금 잘하고 있나? 이렇게 하는 게 평가 기준에 합당한가?" 창의적으로, 내 마음대로 했다가 평가 기준에 어긋나면 대학의 당락에 영향을 주니 행동을 마음 놓고 할 수가 없다. 2022학년도 대입 수시 비중이 75.7퍼센트였으니, 대부분의 MZ세대는 이런 학창시절을 보냈다고 해도 과언이 아니다. 이러한 경험은 직장인이 되어서도 고스란히 행동으로 이어진다. 그래서 기준이 없거나 제대로 시키지 않으면 '알아서 하지 못하는' 것이다. 몰라서 못 하는 게 아니라, 기준이 없으니 효율성이 떨어지는 일은 안 하겠다는 것이다.

이는 특히 업무 평가에서도 아주 민감하게 나타난다. 내가 잘한 것에 대해서 평가를 제대로 받지 못하면, 바로 퇴사 이유가 되기도 한다. 평가 이유를 바로 설명해 줄 수 있으면 다행이지만, 정량 평가 말고도 정성 평가도 있기에 상급자 입장에서는 기준을 잘 설명하지 못할 때도 있다. 젊꼰이 되지 않으려면 본인의 업무에 대해서도 잘 파악하고 있어야 하고, 명확한 평가 기준도 수립해 두어야 한다.

MZ세대에게 "알아서 해봐"는 잘하는 게 뭔지도 모르는데 그저 막막함만 줄 뿐이다. 그야말로 맨땅에 헤딩을 하라는 말로 들린다. 생각해 보자. 어떻게 맨땅에 헤딩을 할까. 머리만 아프다. 그럼 어떻게 해야 이들의 막막함을 해소하고, 잘할 수 있도록 안내할 수 있을까.

▼

빠르게, 자주 피드백 주기

사실 평가 기준을 두고 싶어도 업무를 이렇게 수행하면 1점, 저렇게 하면 2점처럼 객관적으로 제시하기 쉽지 않다. 그럴 때는 억지로 기준을 만들기보다는 정성적 피드백이라도 즉각 주는 방법이 있다. 어떤 결과물에 대해서 이 부분은 좋고, 이 부분은 부족하고, 이런 피드백을 반복적으로 받다 보면 머리가 아닌 몸이 자연스럽게 그 기준을 받아들인다. 만약 다양한 피드백을 주기 어렵다면, 가장 친근한 피드백인 '칭찬'부터 시작하면 된다.

X세대나 기성세대들은 아마도 리더십 교육에서 칭찬의 중요성을 들은 기억이 있을 것이다. 그런데 아직도 우리 문화는 칭찬에 인색하다. 칭찬하라고 이야기하면 식상하다고, 본인이 진짜 잘하는 줄 안다고, 버릇 나빠진다고, 타이밍을 잘 모르겠다고들 한다. 칭찬은 어떤 관계든 긍정적으로 변화를 줄 수 있는 아주 좋은 소통 방법이다. 게다가 MZ세대는 '칭찬은 고래도 춤추게 한다'를 실천적으로 적용한 부모님에게서 교육을 받고 자란 세대다.

MZ세대와의 업무에서 칭찬이나 긍정형 피드백을 줄 때는 첫째, '빠르게' 해야 한다. 할 말이 딱히 없다면 "잘하고 있어요.", "빨리 처리했네요.", "수고했어요." 이 정도도 충분하다. 당신의 업무를 관심 있게 보고 있다는 일종의 신호다. 둘째, '자주' 해야 한다. MZ세대는 부모에게서 마이크로 매니지먼트를 받았던 세대다. 너무 오랜 시간 피드백이 없다면, 그 공백을 견뎌내지 못한다. 한 달에 한 번 시간을 내서 한 시간씩 면담하는 것보다 평상시에 하는 아주 짧은 피드백이 더욱 의미 있다. 이때 어떤 말을 해줄지 잘 모르겠다고 고민을 토로하기도 한다. 하지만 멋진 피드백으로 고민하는 시간에, 짧은 격려의 한 마디로 즉각 실천에 옮겨 보길 추천한다. 그것도 어렵다면, 눈에 보이는 사실을 언급해 주는 것도 충분함을 기억하자. 그 자체가 관심의 표현이다.

신조어를 대하는
우리의 자세

"내가 커피 한 잔 사줄게. 뭐 마실래?" "팀장님 저 아바라요."
"뭐?"

'아아, 뜨아는 알겠는데, 아바라는 또 뭔가?' 이런 생각을 한 이들이 있을 것이다. 나도 최근 비대면 교육이 늘면서 당황한 순간이 적지 않다. 채팅창에 올라오는 말들을 알아듣지 못해 리액션을 바로바로 하지 못할 때가 종종 있기 때문이다.

최근 어느 기업에 '세대 간 이해'에 관련한 교육을 들어가면서 신세대 사원들과 인터뷰를 진행한 적이 있다. "여러분들은 어떤 선배가 좋은가?"라는 질문을 했는데, "당연히 꼰대는 싫고, 어른다운 어른은 참 좋다"라는 답변을 들었다. 그들이 생각한 어른은 "새로운 변화를 인정하고 존중하는 관대한 사람과 시간과 노력을 투자해서 새로운 문화를 경험하려 노력하는, 늘 트렌디함을 유지하는 사람"이란다. 반대로 꺼려지는 선배는 "시대변화에 적응하지 못하고 공격하는 사람. 신조어를 사용하는 직원에게 면박을 주고, 자신의 경험만이 옳다고 하거나, 서열 중심의 생각을 갖고 있는 사람"이라고 답했다.

꼰대가 되지 않고 MZ세대에게도 좋은 리더십을 발휘하려면 그들의 문화와 언어를 이해하기 위해 시간을 투자하고, 소통하려고 노력해야 한다. 그 노력 중 하나가 신조어를 이해하는 것이다. 세대차이 교육을 할 때 꼭 새로운 신조어를 정리해서 전달한다. 받아들이는 교육생들의 모습도 참으로 각양각색이다. "어머, 무슨 말이래. 우리 애도 저런 말 쓰던데. 재밌다. 어디서 저런 걸 알 수 있죠? 다 적어 가야겠다"처럼 긍정적인 반응도 있지만 "저런 말을 왜 써? 저게 뭐야? 내가 저런 말을 배울 군번이야?" 등 부정적인 반응 역시 있다. '세대 간 이해' 교육을 하고 있는데도 말이다.

MZ세대가 신조어를 사용하는 이유는 무엇일까? 신조어는 전혀 새로운 말은 아니다. 1970~1980년대에도 기성세대를 비꼬는 '아더메치(아니꼽고, 더럽고, 메스껍고, 치사하다)', '유지징(유치하고 지겹고 징그러워)'과 같은 단어들이 있었다. 더는 사용하지 않지만, 아마도 그 시절을 보낸 분들이라면 이해하고 향수에 젖어 미소 지을지도 모른다. 온라인 채팅 문화, 게임 채팅이 활성화되면서 말을 빠르게 전달해야 했다. 여러 명과 소통하고 워낙 많은 정보를 주고받다 보니, 빨리빨리, 줄이고 더 줄인 신조어가 더욱 많아졌다.

2000년대 들어오면서는 스마트폰의 보급과 진정한 디지털 네이티브의 사회 진출로 신조어와 줄임말은 일부 젊은이나 대학생만 사용하는 언어가 아니라 이제는 누구나 다 사용하는 일상 언어가 됐다. 2024년이 되면 사회에 진출할 MZ세대가 60퍼센트에 육박할 것이라는 예상 통계가 있다. 절반이 훌쩍 넘어가는 숫자다. 대다수가 이런 문화를 갖게 될 것이다.

"톡디 알려줄래?", "나는 임구했어.", "아직도 삼귀는 중이야.", "너 햄최몇?"

이 같이 줄임말도 있고, '레게노'처럼 유명 유튜버가 사용하면서 만들어진 단어도 있다. 'Legend'라는 영어 단어의 마지막 철자 'd'를 'o'로 보고 'Legeno(레게노)'로 읽은 것이다. 드라마 〈슬기로운 의사생활〉에서는 BTS의 팬덤명 '아미'를 진짜 군인으로 착각하는 장면과 '플렉스'라는 단어를 극중 교수가 못 알아듣는 에피소드 등이 나온다. 신조어는 반드시 단어를 짧게 줄여 경제성을 추구하는 것만이 목표는 아니고, 자신들이 즐기는 새로운 문화를 모르면 추측하기 어려운 단어를 사용함으로써 이 사람이 자신들의 문화권 안에 있는 사람인지 아닌지를 가리는 기준으로도 사용된다. 이는 신조어를 넘어 그들의 문화를 이해해야 MZ세대와 소통이 가능함을 의미한다.

　이런 현상을 어떻게 받아들여야 할까? 국립국어원장을 지낸 소강춘 교수는 신조어에 대해서 다음과 같이 말했다. "쓰면 안 된다고 해야겠지만 언어학자 입장은 다르다. 한글 고유의 특징과 더불어 디지털 문화가 세계 최고 수준으로 발달한 상황에서 발생한 우리만의 독특한 문화"라고 말이다. 우리가 신조어를 대하는 태도 또한 젊꼰이 되지 않기 위한 노력 중 하나로 봐야 한다. 지금 당장 검색창에 '신조어'를 찾아보길 바란다. 아마도 이 책에 나온 단어들도 이미 구식이 되었을 것이다. 얼마나 발이 빨라야 신세대를 따라갈 수 있는지 스스로 느껴보길 바란다. 비단 신조어만을 의미하는 것은 아니다. 신조어 정도도 받아들이지 못한다면 새로운 세대의 다른 문화를 어떻게 받아들일 수 있겠는가.

회식은 못 가요.
부캐 키우러 갑니다

기성세대의 입장에서 회식은 어떤 존재였나. 내가 직장생활을 하던 시절에도 회식이 반갑지 않았지만 꼭 참석해야 했다. 이유는? 찍힐 것 같아서다. "회식도 업무의 연장이다." 이 한 마디면 약속도 모두 취소하고 따라가야 했다. 왜 회식을 불시에 통보하는지 이해가 안 갔지만, 한 번도 그 이유를 물어본 적도 없다. "나 오늘 회식이래, 오늘 모임 못 가"라며 친구들과 약속을 취소한 일이 한두 번이 아니다. 하지만 지금은 어떤가. 아직도 많은 조직에서는 "화합을 위해서는 회식이 필요하다. 소통을 위해서는 필요한 계륵"이라고 하지만 코로나19로 회식이 조금 주춤해진 모양새다. 모임 자체가 어려워지자 조직마다 다른 소통의 방법을 찾느라 고민 중이다. 줌으로 온라인 회식을 하는가 하면, 팀을 나눠서 점심 회식을 하기도 한다. 기성세대 직원들은 리더십을 발휘할 장이 없어졌다고 고민이 이만저만이 아니다. 어떻게 생각하는가.

코로나19로 재택근무를 하거나 회식 등의 문화가 줄어듦에 따라 직장인들은 오히려 심리적으로 안정감을 느낀다는 조사 결과들이 지속적으로 발표됐다. 한 설문조사 결과를 살펴보면 '회사에서 친하지 않은 사람과 밥을 먹거나 술자리를 하게 되는 것은 불편한 일이다'라는 질문에 '그렇다'고 응답한 비율이 74.5퍼센트로 나타났다.[*] 친하지 않은 사람과 밥을 같이 먹는 것은 시간과 에너지 소모라는 생각이 깊게 작용한 것이다.

많은 조직이 회식 문화를 개선하려 노력해 왔다. 실질적으로 회식 문화가 달라지기 시작한 건 코로나19 전부터였다. 밀레니얼 세대 직원들이 본격적으로 입사하고, MZ세대가 많아지면서 회식 문화가 달라지기 시작했는데, 더 이상 참석을 강요하지 않는 분위기가 됐다. 2차, 3차로 이어지는 회식도 지양하고 있고, 문화 회식, 체험 회식 등 종류도 다양해졌다. 이마저도 코로나19로 사라지는

---

* 〈2020 직장생활 전반에 대한 인식 및 직업소명의식 관련 조사〉, 엠브레인, 2020.

것 같기도 하다. MZ세대는 회식뿐만 아니라 워크숍, 각종 단체 행사를 모두 좋아하지 않는 경향이 있다.

MZ세대는 자유시간에도 무수히 많은 일을 한다. 학창시절에 각종 보습 학원과 방과 후 활동을 하며 다양한 경험을 해왔던 세대라 할 줄 아는 것도 많고 하고 싶은 것도 많다. "퇴근하고 뭐하려고 칼퇴해요?"라며 궁금해 하거나 물어보지 말자. 자유시간을 주는 것만으로도 그들에게는 좋은 리더로 보여질 수 있다는 걸 기억하면 된다.

▼

부캐 키우러 갑니다

유재석의 부캐, 유산슬과 지미유를 들어본 적이 있는가. 부캐는 게임에서 사용하던 용어로, 본 캐릭터 외에 새롭게 만든 부 캐릭터를 줄여서 부르는 말이다. '멀티 페르소나' 정도로 이해해도 된다.

쉬기도 바쁠 것 같은데 굳이 퇴근하고 부캐까지 키우는 이유는 뭘까? 여러 이유 중 하나는 짭짤한 부수입 때문이다. 이들을 'N잡러'라고도 하는데, 직장인 약 7천 명을 대상으로 한 설문조사에서 절반이 넘는 51퍼센트가 '본업 외 활동으로 수익을 내고 있다'고

답했다. 부업을 계획 중이라고 밝힌 비율도 4분의 1에 달했다.[*]

　잘 알고 지내는 대기업 A 과장도 부업으로 한 달에 200만 원까지 벌고 있다고 한다. 마케팅 업무를 담당하고, 해외에서 주재원 생활을 한 그는 관련 직군 취업을 준비하는 학생들의 자기소개서를 컨설팅해 주고 있다. 그리고 다양한 매체에 글을 기고하고 있으며, 줌이라는 화상 툴 사용이 빈번해지면서 마케팅 기법과 관련한 강의도 정기적으로 하고 있다. 예전 같으면 상상도 못 했을 텐데, 코로나19가 그에게 더 많은 기회를 주었다. 장소를 이동하지 않아도 할 수 있는 일들이 더 많이 생긴 것이다. 부수입이 월 500만 원이 되면 퇴사하고 다양한 일을 하며 자유롭게 살 예정이라고 한다. 본인의 능력을 다양하게 펼친 예라고 하겠다.

　이러한 경제 활동을 '긱Gig 경제'라 부른다. 정형화된 고용 관계가 아니라 온라인 등 다양한 플랫폼을 통해 단기 계약이나 프리랜서로 계약을 맺는 고용 형태를 일컫는다. '탤런트뱅크'나 '크몽' 등의 온라인 플랫폼을 이용해 일을 받아 수행하는 형태다. 다국적 회계컨설팅 기업 PwC가 2020년 발표한 보고서 〈노동의 미래The future of work: Journey to 2020〉에 의하면 2027년이 되면 미국인의 50.9퍼센트가 '긱 워커'로 일하게 될 것이라고 전망한다. 《이번 생은 N잡

---

[*] 〈직장인의 부업〉, 블라인드, 마이비스킷, 2021.

러》의 저자 한승현 씨는 N잡러가 된 이유를 두고 "재미없는 회사, 불만족스러운 연봉, 그리고 불안한 미래 때문"이라고 했다. 부캐를 키우는 건 단순히 돈만을 위해서는 아니다. 자기계발과 스펙의 일종이다.

'자신의 성장이 어려워 보일 때 퇴사를 결정'한다는 조사 결과에서 볼 수 있듯이 MZ세대는 회사 안팎으로 본인의 성장에 대해 민감하게 관심을 갖는다. 단지 조직 내에서 '단체 행동을 하지 않고, 열정이 보이지 않는다'고 해서 일을 열심히 하지 않는 게 아니라, 본인의 인생에 최선을 다하고 있음을 인정해 주어야 꼰대 소리를 듣지 않을 것이다. 어차피 기성세대나 X세대 입장에서도 MZ세대를 평생 책임지고 싶은 마음도, 그럴 능력도 없지 않은가. 그런데 지금 이 직장에, 또는 나에게 충성하라고 말하는 건 남의 인생에 너무 무책임한 행동이다.

휴가 중
연락 금지

MZ세대가 가장 입사하기 싫은 기업 1위는 '야근, 주말 출근 등 초과 근무가 많은 기업'이라고 한다.* 어떠한 개인 시간도 침범을 허용하지 않는 MZ세대는 1980년대 이후에 태어나, 1990년대에 유년기를, 2000년대에 성장하며 너 나 할 것 없이 학교를 마치면 각자의 일정에 맞춰 학원으로 흩어지는 일과를 보냈다. 기성세대가 학교를 마치고 친구 집에 우르르 몰려가서 놀던 문화와 상황이 다르다. 교육에 관심이 많은 부모님의 지원으로 각종 학원에 가느

---

* 〈가장 입사하기 싫은 기업 유형〉, 사람인, 2020.

라 개인 시간을 가져본 일이 적다. 그러다 보니 성인이 되어서는 내 시간을 자유롭게 쓰고 싶고 본인 스스로 시간을 짜임새 있게 사용하고 싶은 열망이 있다. 이들에게 자유시간은 정말 소중한 부분이다. 그리고 이런 바람을 잘 대변하는 단어가 바로 워크 앤드 라이프 밸런스Work and life balance, 워라밸이다.

X세대나 베이비부머 세대는 워라밸이라는 단어를 모르고 직장 생활을 했다. 전공이 HRD여서 조직 몰입도를 올리는 방법, 동기 부여 방법, 개인의 행복도를 올리는 방법으로 교과서나 논문에서 접했지만, 실제로 실천하게 될 줄은 몰랐다. 토요일에 학교에 가고 출근을 했던 세대에게 토요일 휴무는 마치 보너스 같은 느낌이었다. 그러나 학창시절부터 주말에 여행을 다닐 수 있었던 MZ세대들에게 워라밸은 너무 당연한 삶이다. 워라밸과 관련한 각종 설문조사를 보더라도 '금전적인 보상보다 워라밸이 더욱 중요'하다거나, '연봉이 낮더라도 워라밸이 가능한 회사에 다니고 싶다'는 답변이 과반수를 넘는다.[*][**] 이런 현상을 어떻게 이해해야 할까? '요즘 세대들은 일을 너무 안 한다'로만 해석해야 할까?

행복도가 높다는 북유럽은 직장인 평균 퇴근 시간이 오후 4시

---

[*] 〈코로나19 이후 직장관 변화〉, 잡코리아, 알바몬, 2020.

[**] 〈주 4일 근무제도의 도입과 관련한 인식조사〉, 엠브레인, 2021.

라고 한다. 근로계약서에는 퇴근 후 회사가 노동자에게 사용권을 요구하지 못하게 명시되어 있다. X세대나 베이비부머 세대가 취업을 하던 시절에는 근로계약서가 있는 줄도 몰랐다. 있었다 해도 시키는 대로 서명만 하고, 읽어본 기억이 없다. 이전 세대들은 정보가 없으니, 덴마크 직장인이 어떻게 직장생활을 하는지 알 수 없었다. 하지만 MZ세대는 많은 정보가 있고, 본인의 현실과 비교하기도 어렵지 않다.

이런 현상은 우리나라에만 일어나는 건 아니다. 2019년 세계 최대 규모의 직장 평가 사이트 글래스도어에서 MZ세대의 근로계약서 서명에 가장 영향을 미치는 5대 요소를 조사한 결과, 1위가 높은 급여, 2위가 유연한 근무시간으로 나타났다.[*] 개인의 삶이 몹시 소중하기에, 퇴근 이후의 시간 보장이 취업을 하는 데 큰 기준이 된다. MZ세대를 대상으로 한 또 다른 연구 조사에서도 응답자의 78퍼센트가 근무 스케줄을 유연하게 조정할 수 있는 직장이라면 보너스가 없어도 즉시 출근하겠다고 답했다.[**] MZ세대가 얼마나, 왜 자유시간을 소중하게 여기는지 조금은 이해가 되었길 바란다.

---

[*] Amanda Stansell, 〈The Next Generation of Talent: Where Gen Z Wants to work〉, Gallup, 2019.2.20. (https://www.glassdoor.com/research/studies/gen-z-workers/)

[**] 〈Turning Millennial and Gen Z Job Seekers Into Job Applicants〉, PLRB and The Center for Generational Kinetics, 2016.

그렇다면 선배 세대가 해줄 수 있는 건 뭘까? 정해진 근무시간에만 업무를 하도록 하는 것이다. 근무시간에 최대한 집중해서 효율적으로 일하도록 도와주면 된다. 의미 없이 길어지는 회의 등으로 시간을 빼앗아서는 안 된다. 괜한 잡담으로 집중력을 방해하는 행위, 개인적인 일로 자주 호출하는 행위 등만 하지 않아도 된다. 정시 퇴근할 수 있도록 도와주는 일이 우리 조직에서 어떤 것들이 있을지 고민해 보자.

▼

이제는 정말
퇴근 후에 연락하지 않기

이렇게 자유시간이 소중한 MZ세대에게 또 다른 복병이 있다. 바로 IT 기기다. 퇴근만 하면 자유시간을 만끽할 줄 알았지만, 퇴근 후 메신저 등으로 업무 지시를 받는 일은 아직도 여전한 것으로 드러난다. 이처럼 연장된 근로로 인한 스트레스는 많은 부작용을 일으키는 것으로 나타나, 세계 각국에서 근로자의 퇴근 후 시간을 지켜주기 위한 많은 시도가 있었다. 유럽의 사례를 보면, 독일은 2013년부터 업무 시간 외 상사가 직원에게 연락하는 걸 원칙적으로 금지하고 있다. 프랑스도 2017년부터 오후 6시부터 다음 날 9시까지 이메일 발송을 금지하는 노사협정을 체결했다. "메일이 무슨 상관이야?" 할 수 있지만, 그렇지 않다. 개인 메일을 확인하려고 했는데, 상사의 메일이 들어와 있다면 괜한 스트레스를 받을 수 있다는 것이다.

우리나라도 '퇴근 후 카톡 금지법', 퇴근 이후 시간에 업무 지시를 하지 못하도록 하는 법안을 통과시키려 노력하고 있다. 이는 모두를 위해서도 바람직한 움직임이라 생각한다. 단순히 '조직에 충성심이 없다. 너무 일을 안 한다'고 생각할 게 아니라, '잘 쉬어야 일을 더 잘할 수 있다'고 생각해야 한다.

독일의 자동차 회사 다임러는 휴가 중인 직원에게 메일을 보냈을 경우 부재중 메일이 자동회신된다. "담당자는 현재 휴가 중입니다. ○월 ○일에 돌아올 예정입니다. 그 일정 이후에 메일을 다시 주세요. 본 메일은 삭제될 예정입니다." 중요한 부분은, 이 메일이 담당자 메일함에서 삭제된다는 것이다. 휴가에서 복귀한 직원이 쌓여 있는 이메일을 보지 않기 위한 배려다.

정시 퇴근과 휴가는 직장인의 권리다. 휴가를 즐기고 정시 퇴근을 해도 최선을 다해 일하는 직원이라는 조직 문화를 만들어야 한다. 여기서도 주의할 부분이 있다. "휴가 잘 다녀와, 회사는 내가 지킬게." 이런 농담은 정말 안 된다. "칼퇴해도 상사들이 아무 말도 안 하고, 얼마나 좋아?" 이미 뭐라고 하는 중이다. 절대 안 된다.

MZ세대도 맡은 업무는 책임감 있게 처리해야 함을 알고 있을 것이다. 일이 산적해 있는데 퇴근 시간이 되었다고 정시퇴근하는 것도 바람직하지 않다. 업무 시간 동안에 집중해서 일을 마칠 수 있도록 나름의 업무 전략을 구상하길 바란다. 집중을 방해하는 요인이 있다면 찾아서 제거하고 맡은 바를 책임감 있게 마치는 법도 배워야 한다.

이 선 넘으면 삐ㅡ!
손절각입니다

▼

공정의 이름으로 용서하지 않겠다!

2020년 한 유명 스타일리스트가 자신의 유튜브를 통해서 '내돈 내산'을 외쳤는데, 사실 이게 돈을 받고 한 광고였다는 사실이 밝혀지면서 사회적으로 문제된 적이 있다. 단순히 배신감에서 끝나는 게 아니다. 미리 광고임을 알았더라면 제품을 접하는 관심 정도가 다르지 않았을까? 뒷광고라는 행위가 부도덕한 행위이고 위법한 행위임을 모두에게 알리는 아주 중요한 계기가 되었다. 유튜브는 물론 인스타그램에서도 광고나 협찬을 받은 제품에 대해서는 '광고', '제품협찬'이라고 고지해야 한다. 이렇듯 MZ세대는 불공정에 유독 예민한 세대다.

이뿐만이 아니다. 약자에 대한 사회적 불합리, 고위층의 위법행위 등 그러려니 하고 지나갔던 것들이, 시간이 지나 사회에서 이슈되는 건 일도 아니게 되었다. 이를 주도하는 건 MZ세대인데, 목소리를 내고 공유할 수 있는 수단들이 많아지면서 도덕성, 공정함, 진정성, 성숙한 시민의식을 많이 접하고 강조하기 때문이다. 이전 세대의 불합리, 불공정 등을 관행이라 말하며 넘어갔던 다양한 문제에 대해 MZ세대가 올바른 목소리를 내면서 사회에 반영되는 모습을 보게 된다. 사회 변화에 일조한 셈이다. 합리적인 사회로 가는 올바른 행동이라 생각한다. 만약 MZ세대에게 꼰대의 기질이 보인다면, 바로 이런 변화에 동참했던 자신감일 수 있다.

▼

환경을 생각하는 지구 시민 Z

MZ세대는 도덕성, 공정함, 윤리적인 문제에서 더 나아가 환경문제까지도 관심이 많다. 이런 특징은 소비뿐만 아니라 일상생활에서도 드러난다. SNS를 활용한 릴레이 챌린지를 한 번쯤 봤을 것이다. #용기내, #용기내서_용기내세요 해시태그를 사용해 음식 포장으로 발생하는 불필요한 쓰레기를 줄이자는 취지의 '용기내 챌린지'가 대표적이다. 환경부 발표에 따르면 2020년 음식배달은 2019년 대비 78.6퍼센트 증가했다.* 그만큼 일회용품 사용이 늘면서 환경파괴가 우려되는 상황인데 환경 보호에 관심이 많은 MZ세대가 이 상황을 보고 나름의 해결책을 제시한 것이다. '용기내 챌린지'를 검색하면 SNS나 유튜브를 통해서 다회용기에 배달 음식을 포장한 다양한 인증샷을 볼 수 있다. '용기내'에서 용기는 그릇을 뜻하기도 하지만, 마음속의 용기도 함께 뜻하는 중의적 표현이다. 용기가 필요한 이유는 번거롭기도 하고, 부끄럽기도 해서 '용기가 필요했다'는 것이다. 이처럼 MZ세대는 자신의 신념을 남들 앞에 드러내고, 행동으로 옮기는 것을 주저하지 않고, 놀이로까지 승화시킬 줄 아는 세대라 볼 수 있다.

세계적으로 이름을 떨친 Z세대, 스웨덴의 환경운동가 그레타 툰베리는 2018년에 환경문제를 해결하기 위해 세계 지도자들이 더 많은 일을 해야 한다며 10대 청소년이 학교에 가지 않고 시위를 했다. "비행기를 타지 않겠다. 육식을 하지 않겠다. 금요일은 시위하는 날로 정하겠다." 어떤가. 어린아이의 장난으로 보이는

---

* 〈2020년 연간 온라인쇼핑 동향〉, 통계청, 2021.

가. 우리나라에서도 많은 Z세대가 이러한 환경운동에 동참했다. 몇 년간 지속되는 폭염과 미세먼지로 기후변화에 관심을 갖게 됐고, 당장 학생들이 미세먼지로 운동장에서 자유로운 활동을 할 수 없게 되는 등 삶에 직접적인 영향을 주게 되면서 우리가 변해야 한다는 문제의식을 갖게 된 것이다.

이제부터 기성세대도 스스로의 행동에 변화를 주어야 한다. 문제가 되는 사회적인 현상에 관심을 갖고 개인이 할 수 있는 작은 행동이라도 시작해야 한다. 나 역시 Z세대 아들에게 잔소리 들어가며 분리수거 방법을 다시 배웠다. 다양한 분야에 문제의식을 느끼고, 말과 행동에 기준을 올바로 세워야 한다. 물론 기준은 꼭 지키기 위해 있는 것임을 명심하자.

이제는 우리의 직원, 우리의 고객을 과거의 관행대로 응대할 수 없음을 알게 되었을 것이다. 관행이라 생각했던 과거의 기준은 모두 버리고 정확한 가치와 기준으로 다가가야 한다. 가장 중요한 것은 겉으로 드러나는 행동이 아니라 마음에서 우러나오는 '진정성'임을 기억해야 한다.

낀대는
힘들어

첫 직장에 입사하고 얼마 후에 휴가 시즌이 다가왔다. 달력을 돌려가며 자신들의 휴가 일정을 표시하는데, 높은 분들이 먼저 휴가를 정하고, 직급 순서대로 겹치지 않게 휴가를 가야했다. 나에게는 달력이 오지 않기에 사수에게 물어봤다. "저는 휴가가 없나요?" 원래 입사 1년까지는 휴가가 없단다. 1년이 지나면 며칠의 휴가가 생기는 시스템이란다.

그런데 갑자기 사수가 나를 회의실로 부른다. "이민영 씨, 휴가 가고 싶어요?" "휴가요? 허락해 주시면 가겠습니다." "입사한 지 얼마 됐다고 휴가를 가? 신입이 집에 있으면 안 불안해?"

가지 말라는 소리로 들리는데, 다음 말이 이어진다. "나는 휴가를 가도 불안해, 이틀 이상 휴가를 쓴 일이 없어. 내 눈으로 사무실 돌아가는 걸 봐야 해. 혹시 과장님이나 부장님께서 나 찾으실까 봐 항상 불안해." 눈으로 사무실 돌아가는 걸 봐야 한다? 대리가? 딱 젊꼰이다. 게다가 요즘처럼 재택과 사무실 근무를 병행해야 하는 하이브리드 시대에 이런 의심 가득한 상사와 함께 일하고 싶은 사람들이 있을까.

코로나19로 직장인이 경험한 것 중 가장 큰 변화는 아마도 재택근무일 것이다. 2020년 초에는 많은 이들이 코로나19가 얼마 안 갈 것이라 생각했다. 그런데 이제는 어떠한가. 같은 공간에서 수업을 듣고 일하는 것은 이제 구시대적 발상이 돼버렸다.

마이크로소프트에서 전 직원 약 3만1천 명을 대상으로 한 설문에서 응답자의 73퍼센트가 '유연한 원격근무를 원한다'고 답했지만, 동시에 67퍼센트는 '코로나19 이후에도 더 많은 대면업무와 협업을 원한다'고 답했다.* 이는 무슨 의미인가? 동료는 보고 싶은데, 회사는 가기 싫다니. 이를 사티아 나델라 CEO는 '하이브리드의 역설'이라고 했다.

우리나라도 비슷한 설문조사 결과가 있다. 재택근무 시행으로

---

* 〈Work Trend Index〉, Microsoft, 2020.

'상사나 주변 사람들의 눈치를 보지 않게 된 점'이 좋다는 응답이 74.3퍼센트나 되었다. 이 응답률은 나이가 젊을수록 높은 것으로 나타났다.[*] 이 설문조사의 질문에서 '상사'를 임원으로 생각하지 않기 바란다. 젊은 세대들이 주로 소통하는 대상은 그들의 직속 상사인 젊은 꼰대일 가능성이 크다.

MZ세대 입장에서는 베이비부머나 X세대 상사와는 커뮤니케이션할 기회도 많지 않고 부모 같은 생각에 그러려니 할 수 있지만, 주로 소통을 해야 하는 젊꼰과는 몇 살 차이도 안 나면서 꼰대질을 받아줘야 하는 게 힘들다는 의견이다. 게다가 재택근무 상황에서는 베이비부머나 X세대 선배가 지켜보지 않으니, 젊꼰들은 본인이 리더인 양 꼰대 리더십을 십분 발휘하게 된다. 기성세대와 함께 있는 공간이라면 젊꼰들이 늙꼰의 눈치라도 보면서 적절히 행동을 조절할 텐데 그런 필터가 없으니 말이다. 그래서 MZ세대 사이에서도 젊꼰은 답도 없다고 느끼는 것이다.

베이비부머 세대와 X세대 선배들도 역시 젊꼰 후배가 힘들기는 마찬가지다. 1980년대생 후배 젊꼰들의 역꼰대질에 힘들다는 이야기가 공통적이다. 성인남녀 3천587명을 대상으로 실시한 조사

---

[*] 〈코로나19로 인한 재택근무 현황〉, 엠브레인, 2020.

에서 열 명 중 네 명이 주변에 역꼰대가 있다고 응답한 결과도 있다.* 젊꼰들이 역꼰대질을 할 때면 '김 과장 많이 컸네. 나를 무시하는 건가?'라는 생각이 든다는 것이다. 역꼰대질을 당해도 사회가 '기성세대 = 꼰대'라는 공식으로 들이대니, 사회나 조직에서 살아남으려면 늙꼰들은 꼰대 취급을 당할까 무서워 아무런 말도 못하고 당하기만 해야 한다. 사회가 늙꼰을 너무 몰아붙이니, 젊꼰을 더욱 양성하는 게 아닌가 하는 생각도 든다는 것이다.

그렇다면 젊꼰들은 편하기만 할까? 최근에는 끼인세대라는 뜻의 '끼ㄴ대'라는 말이 등장했다. 이들은 기성세대의 꼰대질을 욕하며 '절대 저렇게 되지 말자'를 외쳤던 세대다. 그러나 어느덧 회사 생활에 젖어 들어 꼰대질하는 모습이 더 익숙해져 버린 세대다. '90년대생이 사무실에 들어오시고' 나서 스스로 꼰대가 되어가는 본인의 모습에 실망을 하지만, 오히려 꼰대 선배가 더욱 편해진 것 같기도 하다. 쿨한 선배가 되고 싶었지만, 자신도 모르는 새 나오는 꼰대질에 약간의 쾌감을 느끼기도 한다. 그렇다면 결국은 모두가 다 꼰대가 되는 것인가, 고민이 되기도 한다.

조직이라는 한 지붕 아래 베이비부머 세대, X세대, 전기 밀레니얼 세대, 후기 밀레니얼 세대, Z세대 이렇게 5세대가 모여 있다.

---

* 〈역꼰대 현황〉, 사람인, 2021.

어느 한 세대만의 이해와 배려만으로는 조직 생활이 쉽지 않다. 어느 한 세대만이 탈꼰대가 된다고 합리적인 조직이 되는 것은 아니다. 하지만 뜨는 세대가 누구인지, 어느 세대가 합리적으로 변해야 더욱 발전된 조직과 사회가 될지 생각해 봐야 한다. 그 세대가 바로 젊꼰이라고 본다. 그들이 현 사회의 중심이다. 변화의 가능성이 큰 젊꼰들에게 더욱 세련된 어른이 되기를 강조하고 싶은 마음이다.

3장

꼰대에서 벗어나는
감정 습관

젊꼰은 되기 싫은
그대에게

지금까지 MZ세대, 지금 이 시점에 한창 실무자로 실력을 발휘하고 있는 세대, 단군 이래 최고의 스펙이라고 불리는 세대에 대해 알아보았다. 많은 관심과 배려를 받고 자란 세대, 많은 정보 속에서 성장해 그 어떤 세대보다 스마트한 세대, 좋은 교육 환경 속에서 성장한 세대임을 인정할 것이다. 이러한 모습이 MZ세대를 젊은 꼰대로 만드는지도 모른다.

그렇다면 X세대는 어떠한가. 전 세대와는 달리 배고픔을 모르고 자랐고, 본인을 위해 투자하기 시작한 첫 세대다. 베이비부머보다는 어렵게 취업했고, 은퇴를 시작한 50대에 비해 아직 현역으로 활동할 가능성이 큰 세대고, 이들이 20대일 때 소비의 주류였고, 이들이 30대일 때에도 마찬가지였으며, 이들이 40대인 지금도 역시 그럴 가능성이 크다. 이게 바로 '영포티'가 탄생한 이유다. 본인들이 스스로 젊다는 인식을 하고 있어, 선배 세대 같은 꼰대이기는 싫고, MZ세대에게는 매력적인 선배이고자 애를 쓴다. 하지만 이러한 모습이 X세대를 꼰대로 만드는지도 모른다.

그 이전인 베이비부머는 어떠한가? 소수만 대학에 진학했고, 그 이유로 대기업에서 한 자리를 차지했을 가능성이 크다. 경제 부흥기에 사회에서 특권층으로 정치, 경제, 문화 등 많은 시스템이 자리 잡을 무렵 큰 역할을 했을 것이다. 사회에서 대접받고, 대부분 외벌이라 집안의 경제력을 손에 쥐고 있는 덕에 권위적인 모습을 보였을지 모르는 세대다. 한마디로 모든 세대는 꼰대가 될 나름의 이유가 존재한다는 것이다.

MZ세대는 "팀장님 잘 모르시거든, 그냥 내가 시키는 대로 해.", X세대는 "크게 문제되기 싫거든, 그냥 내가 시키는 대로 해.", 베이비부머 세대는 "니들이 뭘 알아? 내가 우리 회사에 30년 있었거든, 내가 시키는 대로 해."

앞뒤 상황을 모른 채, 한 문장씩만 들어도 꼰대일 것 같은 생각이 들지 않는가. 잘못된 커뮤니케이션 방법 때문에 모두를 꼰대로 보이게 하는지도 모른다는 생각이 든다. 우리 주변에는 분명 꼰대가 아닌 사람도 있고, 모두 꼰대가 되는 것도 아니다. 우리 주변에는 서로 말이 잘 통하는 사람들이 분명히 존재한다. 세대를 불문하고 말이다. 결국 꼰대는 커뮤니케이션 방법의 문제다. 서로가 다르게 경험한 사회, 문화적 배경에서 나오는 말, 행동, 가치관들로 인한 오해가 '꼰대'라는 단어로 깎아내리는 걸 수도 있다. 그래서 각 세대만이 경험한 서로 다른 사회, 문화적 배경을 이해할 필요가 분명히 있다. 서로 다른 경험에서 나오는 다양한 생각과 행동에 대해서 상대를 비난하지 말고 인정해야 한다.

나이가 들수록, 직급이 올라갈수록 객관적인 피드백을 받을 일이 줄어든다. 꼰대란 나에 대한 객관적인 관찰이 없고, 상대 입장에서 공감하지 못해 발생하는 잘못된 소통 방법이라고 말하고 싶다. 내가 잘하고 있는지, 내가 잘못하고 있는 부분은 없는지에 대해 늘 성찰하는 마음가짐이 필요하다. 객관적인 피드백을 들을 일이 없다고 그냥 앉아서 지켜만 보면 안 된다. 내가 꼰대의 행동을 하지는 않는지, 객관적인 피드백을 주변에 적극적으로 요청하도록 하자. 그 피드백을 열린 마음으로 적극 수용해야 한다. 이 과정 또한 소통이다. 그런데 열린 마음이 잘 생기지 않는다면, 앞으로 나올 내용을 주의 깊게 보도록 하라. 조금 더 과학적인 방법으로 꼰대 탈출을 위한 소통 방법을 알려줄 것이다.

소통은
감정 조절이 먼저다

"정말 꼰대 같아." 상대의 말을 들어주지 않고, 자기 말만 옳다고 주장하는 사람들을 보고 이렇게 말한다. 상대방의 말을 들어주지 못한다는 것은 '경청' 능력이, 자기 말만 옳다고 하는 것은 '공감' 능력이 떨어진다는 것이다. 결국 '소통' 능력이 떨어짐을 의미한다. 그렇다면 커뮤니케이션 교육으로 꼰대 탈출이 가능한 걸까. 귀 기울여 잘 듣는 방법, 공감하는 방법을 지도하면 탈꼰대가 가능한 것일까. 10년 넘게 많은 조직에서 커뮤니케이션 교육을 하고 있지만, '방법'을 교육해서 개선되는 경우를 본 적이 없다. 커뮤니케이션은 스킬로 접근할 게 아니라, 내 안의 감정 조절이 우선이다.

번아웃 증후군은 미국의 심리학자 허버트 프로이덴버거가 〈상담가들의 소진Burnouts of Staffs〉이라는 논문에서 처음 사용한 용어다. 약물 중독자를 상담하는 전문가들이 일에 몰두하다가 신체적, 정신적 스트레스가 계속 쌓여 무기력증이나 심한 불안감에 빠지는 증상을 설명하기 위해서 '탈진' 또는 '소진'이라는 용어를 처음 사용하게 된 것에서 유래했다.

2015년 독일 저먼윙스 항공사의 추락 사고를 계기로 더욱 관심을 갖게 되었는데, 기장이 잠시 자리를 비운 사이에 부기장이 하강 버튼을 눌러서 비행기를 인위적으로 추락시켜 자살한 사건이다. 이때 이 28세의 젊은 부기장이 앓고 있던 병이 바로 번아웃 증후군이다. 왜 이런 증후군에 시달리게 된 것일까.

이 사고 후에 국내 한 항공사로부터 전화 한 통을 받았다. "선생님, 저희 항공사에 조종사 2천 명이 있는데요. 번아웃 증후군 관련해서 교육 좀 부탁드립니다." 덕분에 나는 관련 공부를 하게 되었다. 사실 번아웃 증후군이 조종사들에게만 논의 거리가 되는 건 아니다. 사회적으로 이슈가 되면서 국내 많은 기관에서는 해마다 번아웃 증후군을 측정한다. 그 결과 성인의 85퍼센트가 경험한 것으로 나오는데, 해마다 이 수치는 크게 변하지 않는다.

번아웃 증후군의 원인을 두고 많은 전문가는 기질적인 문제로 이야기하기도 한다. 반대 개념으로 볼 수 있는 '행복'도 마찬가지라고 한다. 20년간 행복을 연구한 연세대학교 서은국 교수는 "행복은 유전적인 요소가 크다"라고 말한 바 있다. 번아웃 증후군이나 행복 같은 감정은 타고나는 것일지 모른다. 그렇다고 해서 우리가 유전적인 요소로만 치부해 놓고 포기해 버리는 것은 바람직하지 않다.

번아웃 증후군의 수치를 높이는 또 다른 이유로는 번아웃을 부추기는 사회나 조직의 문화도 한몫한다고 할 수 있다. 우리가 직장 초년생일 때 기억을 더듬어 보자. 퇴근하고 부모님께 "오늘 과장님이 나한테… 뭐라고 하시는데… 어찌나 자존감이 떨어지는지, 너무 회사 다니기 싫어. 너무 힘들어요"라고 했다면 부모님은 이렇게 답했을지도 모른다. "원래 다 힘들어. 돈 벌기가 어디 쉬운 줄 알아?" 그럼 우리는 더 이상 힘든 일이 있어도, 누군가에게 이야기하지 않고 그냥 참는다. 우리는 인내를 미덕이라고 보기도 하니, '언젠가는 괜찮아지겠지'라는 기대를 갖고 하루하루 보내면서 지금까지 달려왔는지도 모른다. 바로 이런 점이 번아웃의 원인이 된다는 것이다.

그러다 내가 선배 세대가 되었다. 많은 여성 후배들이 직장생활과 육아를 병행하는 데 고민을 털어놓기도 한다. "선배님, 어떻게 아이 키우면서 일을 왕성하게 할 수 있죠? 저는 너무 힘들어서 많이 지쳐요." 사실 나도 할 말이 많다. 박사 과정 2학기를 마치고 겨울방학에 아들을 낳았다. 후에 3월 개강에 맞춰 대학 시간강의를 바로 시작했다. 3개월 법정 출산휴가 따위는 내게 사치였다. "너희는 출산휴가니 육아휴직이니 다 있잖아. 그리고 지금은 아이 키우기 얼마나 좋아. 나 때는 말이야…" 영락없는 꼰대 마인드다. 이유는 이미 출산과 육아를 경험했고, 너무 치열하게 살고 있기에 내가 이미 번아웃 상태인데, 어떻게 다른 사람을 이해할 수 있단 말인가. 번아웃 증후군 상태에서는 소통이 어렵다. 꼰대 탈출을 위해서는 내 안의 번아웃 증후군에서 탈출하는 것이 우선이다.

다음과 같은 증상이 있으면 번아웃 증후군이라고 한다.

- ☐ 기력이 없고 쇠약해진 느낌이 든다
- ☐ 쉽게 짜증나고 노여움이 솟는다
- ☐ 하는 일이 부질없어 보이는데 그래도 일은 묵묵히 해내는 모순적인 상태가 지속되다가 어느 순간 또 무너져 버린다
- ☐ 만성 두통에 시달린다
- ☐ 감정의 소진이 심해 '우울하다'고 표현하기 힘들 정도의 에너지 고갈 상태를 보인다

이 중 얼마나 해당되는가. 지금은 아니라도 지난겨울에 그랬는지, 아니면 어느 해인가 정말 힘들었던 일이 떠오를 것이다.

"그래 힘들지? 나도 힘들었어. 내가 너무 잘 알지." 이 또한 꼰대의 대화법이다. 결국은 본인이 힘들었다는 것을 상대에게 알려, 위로를 받고 싶은 것이다. 그럼 어떤 방법이 좋을까? "그래, 힘들지? 뭐가 제일 힘들어?" 하며 상대방 입장에서 생각하도록 하자. 내 이야기는 잠시 넣어두자. 그래야 상대는 나를 꼰대로 보지 않을 것이며, 진정으로 공감이라 느끼고 자신의 이야기를 나에게 더욱 공유해 줄 것이다. 내가 번아웃에 시달리고 정신적으로 힘들면 상대의 이야기를 듣기보다, 나 역시 위로받고 싶은 게 당연하다. 따라서 탈꼰대 소통법은 나의 번아웃 증후군을 먼저 해결해야 가능하다는 것을 강조하고 싶다.

그렇다면 번아웃 증후군에서 벗어나는 방법은 무엇일까. 첫째, 혼자 고민하고 말고 주변에 상담을 요청하라. 친구나 동료에게 자신의 문제를 이야기하면 기분이 한결 나아진다. 2014년 영국 워릭대학교 프로토 교수팀은 국민 행복과 유전자 간의 관계를 연구해 유전자가 행복을 좌우할 수 있다는 증거를 제시하기도 했다. 한국, 중국, 일본 등 동북아시아인은 70~80퍼센트가 우울 유전자를 보유한 반면, 브라질, 아르헨티나 등 낙천적인 국민성을 가진 국가는 이 수치가 40~50퍼센트라고 한다. 따라서 우리 주변에 유달리 번아웃 증후군이나 우울한 사람이 많은 것이다.

이 연구팀은 커뮤니케이션을 많이 하면 그 자체만으로도 행복지수가 올라간다고 이야기한다. 혼자 고민하지 말고 주변 지인들과 나의 상황에 대해서 자주 소통하는 것만으로도 번아웃 증후군에서 벗어날 수 있다는 것이다. 그러나 젊꼰은 자신의 문제를 주변에 이야기하기 꺼려한다. "저 친구가 뭘 알겠어" 또는 "팀장님께 이야기해 봐야 해결 안 될 텐데" 처럼 말이다. 그러나 소통 과정에서 내 이야기를 함과 동시에 상대의 이야기도 듣게 될 것이고 이 과정에서 위로 받기도 하고 공감 능력도 키울 수도 있게 된다.

번아웃 증후군에서 탈출하는 다음 방법은 워라밸을 유지하는 것이다. 회사에서 업무를 집중해서 효율적으로 하고, 정해진 시간에 퇴근해야 한다. 퇴근 후에는 꼭 심신을 치유할 수 있는 시간이나 장치를 만들어야 한다. 주 52시간 근무제가 시행되면서 우리나라도 워라밸이 중시되고 있다. 하지만 아직까지 일부 공공기관이나 대기업만의 일이기도 하다. 최근에는 하이브리드 근무로 일터와 집의 경계가 분명하지 않아, 오히려 일을 더 많이 하는 경우도 종종 있다. 잘 쉬어야 더 효율적으로 일할 수 있고, 하이브리드 시대를 맞이하면서 일과 삶의 경계를 더욱 분명히 할 필요가 있다.

몇 해 전 tvN 〈행복난민〉이라는 프로그램에서 덴마크 직장인을 소개한 적이 있다. 덴마크에서 취업을 한 한국인 출연자는 정말 열심히 일했다고 한다. 인정받고 싶은 마음에 야근은 물론, 시키지도 않은 주말 근무까지 해가면서 말이다. 그런데 어느 날 HR팀으로부터 메일 한 통을 받았다고 한다. "당신이 근무하는 모습을 계속 지켜보고 있었습니다. 벌칙을 하나 내리겠습니다. 일주일 출근 금지." HR팀의 이야기는 다음과 같았다. "당신이 그렇게 무리해서 일하다가 번아웃이 오면 오히려 우리 회사에 손실이 올 것입니다." 워라밸은 일을 덜 한다는 의미가 아니라, 조직 차원에서는 효율적인 업무를 뜻한다. 일과 삶이 적당한 균형을 유지한다는 것은 업무에서뿐만 아니라, 번아웃 증후군을 미연에 방지할 수 있는 훌륭한 방법이다.

번아웃 증후군 탈출법 마지막은 운동이다. 특히 유산소 운동은 기분 조절에 긍정적인 영향을 미치는 도파민, 세로토닌, 엔도르핀, 테스토스테론 등 다양한 뇌 호르몬과 신경전달물질의 분비량을 증가시켜 행복감을 높이는 데 도움을 준다고 밝혀졌다. 흥미로운 실험결과가 있다. 뇌과학 분야의 저명한 심리학자 웬디 스즈키는 외상성 뇌 손상Traumatic Brain Injury, TBI을 앓고 있는 환자 집단을 대상으로 실험을 진행했는데, 주의력, 의욕, 기억력 저하와 같은 다양한 인지장애는 물론 우울감과 피로감도 공통적인 문제로 나타났다. 이들에게 8주간 주 2회 유산소 운동을 하게 한 결과, 우울감과 피로감 점수가 낮아졌고 삶의 질이 높아졌다는 것을 발견하게 된다.

운동은 번아웃증후군 이외에도 많은 부분에 긍정적인 효과가 있다. 앞서도 운동과 해마의 크기의 연관성에 관해 설명했다. 운동이 몸의 건강뿐 아니라, 정신과 뇌의 건강에도 크게 도움이 된다는 과학적인 연구 결과들은 이렇듯 널리 알려져 있다.

꼰대 탈출 방법으로 근본적인 해결책을 찾아보도록 하자. 옷을 젊게 입고, 부드러운 말하기를 하고, 공감 어린 표정을 짓는 것도 물론 중요하다. 그러나 더욱 중요한 건 진정성이다. 외부 상황을 탓할 것이 아니라, 내 안의 변화가 필요함을 강조하는 것이다. "우리 팀장님 때문에 못 살아, 저 친구 왜 저래? 역시 우리 회사는 한계가 있어." 등의 불만을 쏟아내기보다는 내가 변화할 수 있는 부분을 먼저 찾아 행동해 보자.

언어 습관은
감정 습관

이런 생각이 들 때가 있다. "집안에 안 좋은 일이 있고, 몸도 많이 안 좋고, 팀장님이 새로 왔는데 나랑 잘 맞지 않고, 경기도 어렵고, 상황이 이런데 내가 어떻게 번아웃이 아닐 수 있지?" 그런데 이 감정이 주변 상황 때문일 수도 있지만, 내 감정이 원인일 수도 있다. 습관적으로 드는 부정적 감정 때문에 주변에서 나쁘고 우울한 요인들을 자꾸 찾게 된다는 것이다.

심리학자 필립 브릭먼이 감정 습관에 관한 연구를 했는데, 복권에 당첨된 사람들을 대상으로 당첨 직후 행복도를 조사하니 당연히 행복지수가 상승했고, 반대로 사고로 몸이 마비된 사람들을 대상으로 사고 직후 행복도를 조사하니 아래로 뚝 떨어지는 것을 발견했다. 그런데 이들의 행복도를 주기적으로 조사해 봤더니, 일정 시간이 지난 후에는 자신의 원래 감정 습관으로 돌아오더라는 것이다.

주변 사람 중에 만나기만 하면 불만을 이야기하고, 신세 한탄을 하고, 누군가의 뒷담화를 하는 투덜이가 한 명쯤은 있다. 그들은 복권 10억 원에 당첨이 되었다고 해도, 얼마 지나지 않아 "남들은 20억 원인데, 나는 왜 10억 원이야?"라고 불만을 꼭 찾아낸다는 것이다. 반대로 긍정적인 감정 습관을 지닌 사람이라면, 어떤 상황이 와도 감사할 부분을 찾아낸다는 것이다.

아침 8시만 되면 나에게 메시지를 보내는 후배가 있다. "우리 팀장님이 글쎄…" 아침부터 팀장님 뒷담화를 시작한다. 점심시간이 되면 "언니, 이 인간이 뭐라는 줄 알아?" 이제는 호칭이 없어진다. 어느 날은 분홍색 셔츠를 입은 남성의 뒷모습 사진이 와 있었다. "무슨 사진이야?" "우리 팀장 사진인데, 나 오늘 분홍색 입은 사람 다 죽여버리고 싶어." 하루는 고민 끝에 후배에게 조언을 해주기로 마음먹었다.

"네가 남들이 좋다고 하는 신의 직장에 이직했다고 가정해 보자. 그럼 너의 행복도는 막 올라갈 거야. 그런데 너의 감정 습관이 부정적으로 흘러서 그 안에서 안 좋은 부분을 습관적으로 또 찾아낼 것 같아. 네 얼굴에는 불만과 짜증이 가득할 거고. 그럼 주변 동료들이 너에게 친절할 수 있겠니? 너는 또 나한테 전화해서 불평불만을 늘어놓겠지. 어떻게 생각하니?"

우리가 꼰대가 된다는 것은 상대의 잘못된 행동이나, 잘못된 상황 때문이 아니라, 내가 상황을 부정적으로 읽는 탓인지 모른다. 이런 부정적인 마음이나 앞서 언급한 번아웃 상태에서는 절대 원활한 소통이 이루어지지 않는다. 내 안에 부정적인 감정이 자리하고 있는데, 동료의 힘든 이야기를 우리가 어떻게 공감하고, 배려할 것인가?

우선 내 감정이 부정적으로 흐르고 있지는 않은지 스스로 생각해 보기 바란다. 내가 잘못된 것인지, 정말로 상대가 잘못된 것인지 말이다. 앞서 언급한 세대들의 특징을 이해했다면, 그것이 그들의 보편적인 성향이라면, 우리는 이해하고 넘어가야 한다. 동시에 나 또한 달라져야 하는 부분이 있음을 긍정적인 마음으로 깨달아야 한다.

오해 생기지 않는
최선의 대화법

가끔 TV 방송에 출연하면서 재미난 경험을 한다. 나를 TV에서 봤다며 SNS를 통해서 어릴 적 친구들에게 연락이 오곤 하는데, 몇 년 전에 중학교 동창으로부터 메시지를 받은 적이 있다. "나 중학교 동창 ○○○이야. 방송 보고 깜짝 놀랐어. ○○여중 민영이 맞지? 너무 반갑다. 나는 지금 천안에 살고 있어. 출장 오면 꼭 밥 한번 먹자. 휴대폰 번호 줄 수 있니?"

이렇게 연락을 준 게 고마워 가슴이 따뜻해졌다. 그런데 긴 메시지의 마지막 말이 찜찜했다. "난 네가 이렇게 될 줄 몰랐어." 이때는 '너무 변한 모습에 놀랐을 수도 있겠다' 생각하고 넘겼다.

한 번은 SNS에 도서관 사진을 올린 적이 있었다. "아침 일찍 도서관에 왔더니 사람이 없다. 덕분에 나는 조용히 책을 많이 읽을 수 있을 것 같다"라는 나의 글에 그 친구가 댓글을 달았는데 깜짝 놀라고 말았다. "아침부터 부지런도 하셔?" 이 친구와 이런 불통이 몇 번 지속되니 점차 연락을 꺼리게 되었다.

소통은 단어의 의미 그대로 받아들여야 하는데, 기분이 상한 채로 보니 의미를 넘어 이면을 생각하고 말았다. 이것이 바로 왜곡이다. 왜곡은 주관적일 수밖에 없다. 상대방의 원래 뜻과는 상관없이 내 입장에서 재해석이 이루어지기 때문이다.

"오늘 김 대리가 나한테 이런 말을 했는데, 무슨 의미일까?" 간혹 대화 중 이해 안 되는 부분이 있으면 당사자인 상대방이 아니라 주변 지인에게 물어보곤 한다. 하지만 그 지인은 다분히 주관적 입장에서 김 대리 이야기를 전달하게 될 것이다. 바로 이 지점에서 왜곡이 일어날 것이며, 지인도 듣기 좋은 소리를 해줄지도 모른다. 이렇듯 주관적인 왜곡이 여러 번 발생한다.

만약 대화 속에서 이해가 잘 안 되는 부분이 있다면 직접 물어봐야 한다. 오해가 없도록 말이다. "김 대리, 방금 나에게 한 말이 무슨 의미예요? 이해가 잘 안 돼서 묻는 거니 차근차근 이야기해 주면 좋겠어요" 혹은 "팀장님, 어제 말씀하신 내용이 저는 이렇게 이해가 되는데, 맞나요?"라고 확인하는 편이 서로 오해가 생기지 않는 대화법이다. 그런데 이렇게 물어보지 못하는 이유는 무엇일까? 바로 서로 충분히 라포Rapport*가 형성되지 못한 관계거나, 소통이 원활하지 못한 조직문화이기 때문이다.

지금부터라도 상대방의 이야기를 들을 때 단어의 의미만 생각해 보자. 이면을 생각하지 않으면 오히려 마음이 편해진다. 이야기할 때도 주의사항이 있다. 오해가 없도록 명확한 의미의 단어만 사용하자. 애매한 의미의 단어를 사용하거나 모호한 표현으로 상대를 혼란에 빠지게 하지 말자. 상대가 이해하지 못한 듯 표정을 짓는다면, 한 번 더 친절히 설명해 주어야 한다. "알아들었겠지, 뭐." 이런 식의 마음가짐은 옳지 않다. 그 마음이 바로 꼰대 마인드임을 명심하자.

---

* 의사소통에서 상대방과 형성되는 친밀감 또는 신뢰관계.

최선을 다하는 태도, 표정 관리부터

취업하기 위해 면접보던 때를 기억하는가? 세상에서 가장 선한 표정과 내가 지원한 회사가 좋아할 것 같은 답변을 준비해서, 말 그대로 '최선'을 다했을 것이다. 면접관이 하는 질문 하나하나 최대한 공감하는 표정을 지으며, 마음에 드는 답변을 하려던 노력을 기억할 것이다.

소개팅할 때도 마찬가지다. 마음에 드는 이성을 만나게 되었다고 가정해 보자. 긍정적 정서가 유발된다. 그럼 얼굴에는 미소가 퍼지고, '이 사람이 마음에 들어. 웃음이 절로 나오는 게 긍정적 정서가 생기고 있구나' 인식하게 된다. 이렇게 긍정적인 커뮤니케

이션을 하려면 우선 소통에 적극적으로 임하고자 하는 마음가짐
이 있어야 하며, 매사에 최선을 다하고 정성을 들이는 소통 태도
여야 한다. 많은 연구에서 이런 긍정적 정서의 수준이 높은 사람
들은 사교적 활동이 활발하고, 낯선 사람들과도 인간관계를 수월
하게 맺는다는 사실이 드러났다.

기업에 교육을 가면 담당자가 자신의 이야기를 술술 풀어 놓을
때가 있다. "어디서 출발하셨어요?" "집이 분당이에요. 분당에서
출발해서 왔습니다." "아, 저도 학창시절 분당에서 보냈어요. 괜히
반갑네요." "아, 정말로요? 동네분이시네요." 서로 공통되는 부분
이 발견되면 더욱 이야기를 재미있게 할 수 있다. 덕분에 교육하
는 내내 분위기가 좋았던 기억이 있다. 아마도 당시 교육담당자는
긍정의 정서가 높은 분이었던 듯하다. 여러 차수의 교육을 마치
고 마지막 날이 되었다. 고향 친구와 헤어지는 느낌이 이런 걸까?
"동네 친구 만난 것처럼 아주 편안하고 즐거웠습니다"라며 즐겁게
마무리했다.

업무 회의든 비즈니스 미팅이든 개인적인 만남이든 긍정적 정
서가 높은 사람들은 분위기를 긍정적으로 이끌 가능성이 더 크다.
그렇다고 단순히 대화법만 배워서는 안 된다. 얼굴에도 부정의 정
서가 표출되기에 상대는 진심이 아님을 금방 알아챈다. 긍정의 감

정이 기본이 되어야 함을 강조하는 것이다. 꼰대의 꼬인 마음 말고 면접을 보던 마음, 소개팅하던 마음처럼 긍정의 감정으로 다가가길 당부한다.

긍정의 감정을 채우는
세 가지 방법

꼰대라는 단어가 유행하던 10여 년 전부터 기업들은 혁신 차원으로 탈꼰대를 꿈꾸며 다양하게 조직문화 개선에 힘썼다. 창의적 조직문화를 만든다며 정장을 입는 기업을 보기 힘들 정도가 되었다. 그런데 문제는 여기서부터다. 복장을 창의적으로 탈바꿈했다고 조직문화까지 창의적으로 바뀌지 않는 것처럼, 편안한 옷차림이 탈꼰대 조직을 만드는 것은 아니라는 점이다.

기업들은 많은 매체를 통해 '자율복장제'를 홍보했지만, 내가 만난 많은 직원은 여전히 넥타이를 맨 전형적인 정장 차림이었다. 지인에게 이유를 물어보니 이렇게 답했다. "윗분들 눈치 보여서

요. 시기상조인 듯하네요." 무언가 새로운 것을 받아들이기 힘든 것이 바로 꼰대 마인드다. 새로운 것에 대해 무조건 거부반응부터 보이고 불편해하는 모양새 말이다. '아, 맞아. 복장이 자유로우면 생각도 덩달아 자유로워질지도 몰라. 일단 몸이 편안하잖아. 한번 시도해 볼까?'라는 생각을 하지 못하는 게 꼰대의 특성 중 하나다. 내가 못하면 상대도 하지 못하도록 한다. 꼰대 마인드는 바로 긍정의 감정이 부족한 탓인데, 꼰대 탈출을 위해서 긍정의 감정을 채우는 것이 우선이다.

나는 몇 년 전 아주 큰 교통사고를 당했다. 지방 출장을 다녀오는 길에, 고가도로로 만든 고속도로 위에서 내가 타고 있던 고속버스가 추락했고 당시 뉴스에서 생중계로 보도될 정도로 아주 큰 사고였다. 내 뒤에 탑승하고 계셨던 아주머니께서 사망했고, 그 딸이 "우리 엄마 좀 살려주세요"라고 했던 외침이 아직도 생생하다. 병원에 입원해서도 불만 꺼지면 눈물이 나서 잠을 잘 수 없었다. 눈물이 상상할 수 없을 만큼 철철 흐르는데, 이런 눈물을 이전에는 흘려 본 일이 없었다. 가슴이 너무 떨리고, 나쁜 생각이 꼬리에 꼬리를 문다. 소리도 못 지르겠고, 이러다 숨이 막혀 죽을 것만 같았다.

결국 정신과 진료 후 '외상후 스트레스장애Post Traumatic Stress

Disorder, PTSS'진단을 받았다. "약도 드시겠지만, 환자분의 노력과 의지가 필요합니다. 그리고 그런 사고가 또 일어나지는 않아요"라는 말과 함께. 그날 병실에 올라와서 사고 당시의 기억을 다시 떠올렸다. 탈출할 수 있게 도와주셨던 기사님과 승객들, 고가 위 고속도로에서 소리 지르며 우리의 상태를 물어봐 주셨던 시민, 119 대원, 응급실 의료진 한 분 한 분 떠올리며 내가 지금 무사히 살아 있고 가족과 함께 있는 것에 대해 감사를 드렸다. 안 좋은 생각을 하기보다, 좋은 생각을 하려고 노력해 보니 순간순간 감사드려야 했던 분들이 참 많았다. 평생 감사하는 마음을 갖고 살겠다며 나의 SNS에 나의 마음을 그대로 글로 옮겼다.

신기하게 그날 이후, 나는 잠을 잘 수 있게 되었다. 부정적인 생각은 사라지고, 갑자기 긍정적인 생각이 몰려들기 시작했다. 책이나 논문을 통해 공부하며 알게 된 긍정 심리학이라는 분야를 내가 실제 사용하게 될 줄은 꿈에도 몰랐다.

행복이 유전이라고 하지만, 일란성 쌍둥이를 대상으로 진행한 종단 연구에서 보면, 행복 수준의 50퍼센트 정도만 유전적으로 결정된다는 것을 밝혀냈다. 일란성 쌍둥이는 유전 정보가 같지만, 그들의 행복지수는 같지 않았다는 것이다. 뇌과학자들은 뇌의 변화 가능성을 '뇌 가소성'이라고 부른다. 인간의 뇌는 말랑말랑해서 얼마든지 변형 가능하다는 것이다.《스스로 치유하는 뇌》의 저자인 심리학자 노먼 도이지는 '나는 이미 나이가 많이 들어서 머리가 굳어졌는데' 같은 생각은 잘못됐다고 했다. 다양한 방법과 노력으로 긍정적인 감정을 일으킬 수 있고 이미 많은 연구를 통해 밝혀진 방법들이 존재한다.

▼

뇌의 긍정성을 높이는 방법

심리학에서는 긍정 정서를 높이기 위한 다양한 방법들을 발견해냈다. 예를 들어 명상, 봉사활동, 좋은 일 회상하기 등이 있는데 모두 효과가 있다고 입증됐다. '좋은 일 회상하기'는 인생에서 가장 행복했던 순간을 떠올려 보는 것이다. 대학에 합격했을 때, 취업하던 순간, 사랑하는 사람과 결혼하던 때, 아기가 태어나던 순간 등. 그중에서 '긍정 심리학'에서 발견한 최고의 방법은 바로 '감사하기' 훈련이다. 감사하기는 '감사 심리학'이라는 새로운 연구 분야를 만들 정도로 심리학에서 이슈인 주제다. 내가 교통사고 후 감사의 글을 남긴 것도 바로 이 방법이었다.

이 훈련 효과는 심장을 신경기관의 하나로 연구하는 '신경심장학'이라는 학문 분야를 통해 입증되었다. 감정은 뇌가 관장하는 것으로, 공감 역시 뇌에서 지시한다. 그런데 공감을 하게 되면 가슴이 뛰기도 하고, 가슴이 따뜻해지기도 한다. 이러한 신체적 반응을 어떻게 설명해야 할까? 신경심장학에 따르면 심장과 뇌는 서로 정보를 밀접하게 주고받는다고 한다. 두뇌의 지시에 따라 심장이 막 뛰기도 하지만, 반대로 심장이 심하게 뛰어서 그 정보가 감정에 영향을 미치기도 한다는 것이다. 신경질적이고 흥분을 잘 하는 사람의 경우는 화내고 짜증낼 때 심장이 막 뛴다. 말도 빨라지고, 뭔가 막 급해진다. 그 순간 심장 박동수도 빨라진다. 이런 사람들은 화가 나서 심장 박동수가 불규칙해진다기보다는 불규칙한 심장 박동수가 그 사람을 불안하고 짜증나게 만들 수 있다는 것이다.

화를 잘 내는 사람들이 심장병에 걸릴 확률이 높다는 연구 결과와도 관련이 있을 것이다. 다시 설명하면, 화를 잘 내서 심장질환에 걸리는 게 아니고, 심장이 약하다 보니 평소에 부정적인 감정이 자주 일어난다는 게 더 정확한 표현일 수 있다는 것이다. 이에 '그러면 심장박동수를 일정하게 유지하면 되지 않을까?'라고 학자들이 관심을 갖게 된 것이다. 그래서 많은 실험이 진행되었다. 아무것도 하지 않으면서 쉬기도 하고, 명상도 했지만, 가장 효과적인 것은 바로 '감사하는 마음'이었다고 한다.

이런 '감사하기'는 가끔 생각날 때마다 하는 것보다는 치료의 목적이라고 생각을 하고 집중적으로 하는 게 효과적이라고 한다. 행복학 전문가 소냐 류보머스키 교수는 두 개의 그룹을 대상으로 6주간 감사하기 훈련의 효과에 대해 실험을 진행했다. 한 그룹은 매주 감사일기를 쓰게 하고, 또 다른 한 그룹은 3주에 한 번씩 쓰도록 했다. 3주에 한 번씩 감사일기를 쓴 그룹은 아무런 효과가 없었고, 매주 작성한 그룹에게만 긍정적 효과가 나타났다. 긍정 정서를 만들기 위해서는 규칙적이고 의도적인 훈련이 필요하다는 대목이다.

실제 우울증 환자를 대상으로 실험한 결과도 있다. 매일 자기 전에 감사일기를 쓰는 방법이었는데 3주 정도만 매일 작성해도 효과를 볼 수 있었다고 한다. '오늘 차가 많이 막혔는데, 지각하지 않아서 다행이다', '아이가 학교에 적응을 잘하고 새로운 친구를 사귀어서 감사하다' 등 감사할 일을 찾아보면 나의 관심이 긍정적인 부분에 초점을 맞추게 되어 우울증에서 벗어나도록 도와준다는 것이다. 특히나 자기 전에 감사일기를 쓰는 것이 효과적이다. 대부분의 기억 고착화 현상은 잠자는 동안에 일어나기 때문이라고 하는데 그럼 아침에 일어나서부터 감사 거리를 찾게 된다고 한다.

미국의 명 MC 오프라 윈프리는 10여 년째 감사일기를 쓰고 있다고 한다. "감사한 마음을 가지면 당신의 주파수가 변하고 부정적 에너지가 긍정적 에너지로 바뀐다"고 이야기한다. 그녀는 한 줄이라도 좋으니 매일 쓰기를 권하고 있다. 실제 그녀의 감사일기 는 "햇빛을 받으며 벤치에 앉아 멜론을 먹어 감사하다"처럼 아주 일상적이다. 긍정적인 사람은 긍정적 정서가 뇌에 깊이 각인되어 습관이 된 사람이다. 감사 거리를 찾는 것 또한 습관이라 할 수 있 다. 지금 이 순간 우리가 책을 읽을 수 있는 것도 감사한 것일 수 있다는 것이다. 읽을 책이 있고, 책을 읽을 시간과 공간이 있고, 독서를 통해 나에게 변화를 줄 수 있는 여지가 생겼음도 감사한 일이다.

긍정적 정서를 위한 다음 방법은 바로 운동이다. 운동이 몸에 필요하고, 중요하다는 건 누구나 다 잘 알고 있다. 긍정 심리학을 주제로 한 연세대학교 김주환 교수의 책《회복탄력성》에서는 긍 정성을 위해 운동을 추천하고 있다. 운동이 우울증에 도움이 된다 는 이야기는 많이 들어보았을 것이다. 심장이 약해 부정적인 감정 이 일어날 수 있다고 앞에서 언급했다. 이 책에서는 운동을 통해 심장을 강화해야 한다고 말한다. 약간 숨이 찰 정도의 유산소 운 동을 통해 심장을 건강하게 해주면 긍정의 감정을 키울 수 있다. "긍정의 감정을 가지세요"라고 조언하는 건 옳지 않다. 감정은 '가 진다'는 개념이 아니기 때문이다. 뇌에 긍정적인 변화를 주기 위한 운동의 최소한의 조건은 일주일에 3번, 30분 이상이다. 이때 햇빛을 받으며 할 수 있는 야외 운동이 더욱 효과적이다. 《우울할 땐 뇌과학》의 저자이자 우울증 전문가인 앨릭스 코브는 햇빛은 세로토닌 생성을 돕는데, 세로토닌은 기분이 좋아지고, 목표를 세우는 능력과 나쁜 습관을 피하는 능력과 관련이 있다고 했다. 감사하기와 운동하기를 규칙적으로 병행한다면, 부정적이고 비관적인 사람도 3개월 후면 긍정적인 뇌로 확실하게 바뀌게 될 것이라고 한다. 운동은 뇌 안의 혈액 순환을 좋게 하므로, 스트레스를 감소시키고 사고 능력을 증진시켜 주는 효과도 있다.

2000년 이후로 우울증에 대한 약물치료와 운동치료를 병행해 비교한 결과, 운동이 몇몇 약물에 비해 훨씬 나은 효과를 보인다는 보고가 발표됐다. 하버드대학교의 정신과 의사 존 래티는 다음과 같은 말을 했다. "운동은 집중력과 침착성은 높이고 충동성은 낮춰 우울증 치료제인 프로작과 리탈린을 복용하는 것과 비슷한 효과가 있다." 2008년 영국 정신건강재단에서는 항우울제 약물 대신 운동을 처방하는 의사가 22퍼센트고, 의사의 61퍼센트가 우울증에 운동이 "매우 효과 있다"고 응답했다. 미국국립정신보건협회의 연구 결과에서도 운동은 스트레스 감소, 동기부여, 자아존중감, 대인관계 향상 등에 탁월한 효과가 있는 것으로 나타났다. 결과론적으로 보면 운동을 하게 되면, 뇌가 긍정적으로 변화한다.

긍정적인 감정은 인간관계와 리더십에 긍정적인 영향을 미친다. 곧 꼰대 탈출의 가장 직접적인 방법이라 할 수 있다.

긍정적인 정서를 위한 세 번째 방법은 바로 명상이다. 존스홉킨스대학교의 소아정신과 지나영 교수가 이렇게 말했다. "릴렉스 된 몸에 불안이 올 수 없다." 정신과에서 아주 유명한 말이라고 한다. 이 책에서 명상 방법을 따로 언급하지는 않겠다. 호흡을 가다듬고 자신에게 집중하는 명상이야말로 불안 또는 부정적인 감정을 잠재울 수 있는 또 하나의 방법이라는 것이다.

앞서 언급했던 감사일기, 운동, 명상 모두 몸의 긴장을 풀고 '릴렉스된 몸'을 만드는 것으로 볼 수 있다. 그럼 우리가 젊꼰이 되지 않기 위해 해야 할 몇 가지 방법이 추려진다. 최소 일주일에 한 번 자기 전에 감사일기 쓰기, 그리고 일주일에 세 번 운동이다. 꼰대가 되지 않는 소통법을 배우려고 책을 읽고 있는데 참으로 이상하다고 생각이 들 것이다. 하지만 이제 더는 소통을 스킬로 접근해서는 진정성을 전달하기 쉽지 않다. 꼰대 탈출을 위해 세련된 옷차림이나 한순간의 커뮤니케이션 기법을 배우기보다 긍정의 감정을 채우는 것이 우선임을 알겠는가. 특히 감정은 뇌의 훈련을 통해 가능한 것임도 알게 되었을 것이다.

운동경기에서 우승하면 남성호르몬인 테스토스테론이 분비된다. 그런데 우승했다고 상상만 해도 이 호르몬이 분비된다고 한다. 우리의 뇌는 실제와 가상을 구분하지 못한다는 것이다. 긍정적인 상황들이 나에게 없어 감사일기를 쓸 수 없다면, 긍정의 감정을 채우기 위해 긍정의 상황을 상상만 해도 관련된 뇌 부분이 활성화된다는 것이다. 그 순간 몸의 긴장도 풀어질 것이며 더불어 불안도 잠재워질 것이다. 행복해서 웃는 게 아니라, 웃으면 뇌가 행복한 것으로 착각을 한다는 원리를 이용한 것이 바로 '웃음 치료'이듯 말이다.

지금 당장 실행에 옮겨보자. 이 순간 감사할 일이 어떠한 것들이 있는지 말이다.

감사일기

1.

2.

3.

세대별
자기객관화 방법

　지금까지의 글을 읽으면서 본인이 꼰대가 아닌가 의문이 들지도 모른다. 그럼 글을 쓴 입장에서 성공이라 말하고 싶다. 하지만 꼰대인지 아닌지는 사실 중요하지 않다. 꼰대면 어떻고 아니면 어떠한가. 우리는 꼰대가 되지 않기 위해 이런 책을 읽고 열심히 자기계발을 하는 것 아닌가. 꼰대라는 단어가 어느새 유행이 되었지만 비슷한 말은 늘 있었다. 순리대로 나이가 들어간다는 것, 변화되어 가는 사회에 적응하지 못하는 것, 뒤처지는 것 아닐까 생각한다. 스스로 문득 '나이가 드는구나', '뒤처지고 있구나', '늙는구나' 생각이 들 때가 있다. 너무나도 자연스러운 현상을 사회가 '꼰대'라는 말로 폄훼하는 것 같다는 생각에 안타깝기도 하다. 그렇다면 우리 스스로 그 사실을 인정하면 되는데, 인정하고 싶지 않을 때가 있다. 바로 내가 인정하기 전에, 남들이 먼저 지적할 때다. "까도 내가 까"라는 말이 있지 않은가. 내가 나를 깎아내리는 건 괜찮지만, 내 친구가 같이 맞장구를 치면 기분 나쁘듯이 말이다.

그런데 세대 차이를 넘어 세대 갈등을 불러오니 세대차이가 사회 맥락의 대세가 된 듯하다. 대선후보들도 MZ세대, 청년들을 사로잡으려는 노력을 하며 애쓰는 모습을 보이니 말이다. 이런 갈등의 가장 주된 원인은 먹고사는 생존의 문제에 있다. 세대가 내려가면서 먹고 사는 문제가 쉽게 해결되지 않고 어려워지다 보니 더욱 윗세대에 원망을 품게 되는 것이다. 이러한 원망이 '꼰대'라는 유쾌하지 않은 단어로 표출되는 것이다.

60년 전에도 대학생들에게 노인이 좋은지 안 좋은지 설문조사를 하지 않았던가. 언제나 나이 들어감에 대해 늘 존경만 있었던 건 아니라는 것이다. 이즈음에서 나를 객관적으로 바라볼 필요가 있다고 본다. 나도 나의 윗세대를 그다지 좋아하지 않았던 기억이 있고, 모든 세대가 아래 세대를 늘 호의적으로 바라보지는 않았다. 각 세대가 할 말이 참 많겠지만, 그냥 우리는 하지 않기도 하자. '할많하않'이다. 각 세대가 할 말이 많으면 서로 잘 들어줘야 하는데, 들어주는 것만큼 인내심을 요구하는 일이 없다.

평균수명이 80세를 넘었다. 곧 100세 시대를 맞이하게 될 것이다. 결국 여러 세대가 어우러져 살아가야 한다. 어느 한 세대가 주를 이루어 살아갈 수 없다. 이 책을 읽으면서 자칫 MZ세대만을 이해해야 한다고 생각했다면 오해다. 이 책을 읽으면서 베이비부머 세대는 곧 사회에서 도태될 것이라고 이해했다면 그건 더욱 큰 오해다. 사회가 떠오르는 MZ세대를 이해하도록 몰고 가는 분위기는 맞다. 떠오르는 주류이기 때문이다. 여기서 이야기하는 주류의 의미는 소비의 큰 소리를 내는 주류를 의미한다. 집안의 가전제품을 구입할 때도 부모님에게 의견을 적극적으로 제시하고, 그 의견을 부모세대는 적극 받아들이는 소중한 정보력을 가진 부류다. 그러나 여전히 돈이 많고 경제력을 쥐고 있는 세대는 베이비부머와 X세대다. 조직에서 물러날 때가 되었다고 해서 이들을 무시할 수 없는 이유가 바로 이 때문이다.

돈을 쓰는 소비 주체가 베이비부머나 X세대라고 해서 그들만 따라 하자는 말은 아니다. 새로운 아이디어와 신기술에 발 빠르게 대처하며 결국 소비를 끌고 가게 될 미래의 주체인 MZ세대를 배우고 그들의 아이디어를 우리의 조직과 사회에 적극 반영해야 한다. 이는 무슨 말인가? 꽤 오랜 기간 동안 여러 세대가 공존할 예정이라는 것이다.

지금은 한 지붕 아래 5세대가 공존하고 있다. 평균수명이 길어지고 건강상태가 양호하므로 앞으로는 한 지붕 아래 6세대, 7세대, 8세대까지 공존하는 사회가 금방 올지 모른다. 누가 주류인지를 따질 때가 아니다. 'MZ세대를 이해하라', '90년대생이 온다' 다 좋다. 그러나 베이비부머나 X세대가 금방 사라지지 않을 것이라는 데 주목해야 한다. 왜 자꾸 새로운 세대가 오는 것에만 집중을 하는가. 핵심은 조화롭게 살아가는 '공존'이다. 그러기 위해서는 모든 세대가 각자 본인을 '자기객관화'하는 작업이 필요하다.

공존하기 위한 '자기객관화' 준비가 스스로 마련되어 있는지 살펴보자. 자기객관화라는 말이 어렵게 들릴 수도 있으나, 쉽게 말하면 성찰, 자기인식, 무엇을 알고 모르는지를 잘 아는 것 정도로 이해하면 된다. 공부를 잘하는 학생들의 특징은 본인에게 부족한 부분이 뭔지 잘 알고 있다는 것이다. 부족한 부분에 대해 잘 알고 있다면, 쓸데없는 데 시간과 노력을 낭비하지 않아도 된다. 자신에게 부족한 부분만 공부하면 되니 몸과 마음이 여유롭다. 그렇다면 업무 성과가 탁월한 직장인도 마찬가지일 것이다. 자신에게 부족한 부분을 잘 알고 그 부분만 집중해서 채워나가면 된다. 그런데 자신에게 부족한 부분이 무엇인지를 아는 작업이 바로 '자기객관화'다.

세계적인 체스 선수 카스파로프는 21세에 최연소 세계챔피언 자리에 올랐을 뿐 아니라, 21년 동안 챔피언의 자리에 있었던 선수다. 본인이 최고의 선수가 될 수 있었던 이유가 바로 매번 플레이를 분석하면서 장점과 약점을 찾아 본인의 경기 스타일을 만들어 왔다는 것이다. 이 작업이 바로 자기객관화 작업이다. 이런 최고의 선수도 매 순간 본인의 경기를 분석하며 본인의 역량을 발전시켰다는 것이다. 다수의 경험이나 감으로 경기를 진행한 것이 아니다.

아주대학교 심리학과 김경일 교수는 어느 강연에서 '메타인지Metacognition'를 강조하며 능력보다는 상황에 대한 이해를 강조한 바 있다. '인지Cognition'는 '어떠한 사실을 분명하게 안다'라는 뜻이다. 내가 알고 있는 단편적인 지식뿐 아니라 맥락의 이해가 충분해야 사실을 분명하게 알게 된다. 자기객관화는 내가 처한 맥락을 이해하고, 자신의 한계치를 깨닫기 위해 상황을 객관화할 수 있어야 하며, 객관적인 정보들이 모여 업무 시 일관성을 유지할 수 있게 되는 일련의 과정이다. 그렇다면 체스 선수가 본인의 경기를 분석하듯, 직장인들은 업무의 매 순간을 분석하듯 자기객관화 작업을 해야 한다. 습관적으로 업무를 처리하는 게 아니라, 분석적으로 접근해야 한다. 습관적으로 처리하는 업무도 잘 분석해보면 조금 더 효율적인 방법이 분명히 있다. 그럼 각 세대 별로 직급과 직장 경험이 다를 테니 각각 다른 자기객관화 방법을 살펴보자.

▼

베이비부머의 자기객관화 방법

모든 세대를 통틀어 자기객관화가 가장 필요한 세대가 베이비 부머 세대라 생각한다. 지금까지 해왔던 업무성과가 성공적이었다면 더욱 그렇다. 베이비부머는 지금까지 해왔던 업무 방식이 익숙하고 이대로 유지되기를 원한다. 지금까지 해왔던 업무 방식에 큰 문제가 없었다면, 더욱 이대로 유지되기를 원하는 마음이 클 것이다. 그러나 그 순간 꼰대가 되고 마는데 다음과 같은 마음가짐이 필요하다.

첫째, 자신의 능력을 절대적으로 믿지 말라. 그때는 맞지만 지금은 틀리기 때문이다. 20~30년 가까이 해왔던 직장생활 속에서의 경험과 노하우 중 활용도 높은 것은 생각보다 많지 않다. "내가 직장 경험이 몇 년인데" 이런 소리는 이제 넣어두자. 딱 꼰대 마인드다. 먼저 내가 하는 업무 방식이 틀릴 수도 있다는 열린 생각을 하고, 더 나은 업무 방법을 주변에 물어보자. 한 번, 두 번 물어보기 시작하면 동료들이 먼저 다가와서 새로운 업무 노하우를 알려 줄지도 모른다. "팀장님 이런 툴이 있는데요. 한번 사용해 보시겠어요?"라고 말이다. "우리 팀장님 이런 거 알려 드려도 안 쓰셔" 조직 내에서 이런 사람으로 낙인된 꼰대라면, 이는 자기객관화가 안 되어 스스로 방어막을 친 것이다.

"이런 방법 맞나?", "또 다른 방법은 없어요?", "어떤 방법으로 해결해요?"라고 늘 자신의 업무 방법에 의심을 갖고 주변의 도움을 적극적으로 구하는 자세를 갖게 되면 다양한 정보가 모이게 되어 있다. 다양한 정보들을 접하면서 지금까지의 경험과 직관이 정확하지 않음을 깨달아야 한다. 지금까지의 경험은 의미가 희미해졌을 수 있고, 직관만으로 업무를 할 수 있는 시대는 지났다. 나의 경험과 직관이 아닌, 동료들로부터 얻은 의미 있는 정보들 덕분에 스스로를 객관화할 수 있음을 기억하라.

둘째, 다면평가를 적극 활용하라. 다면평가라는 평가방식은 다양한 사람들로부터 평가를 받는 방식으로 상급자도 하급자의 평가를 받는다. 그러나 그 내용을 상급자가 직접적으로 알기는 쉽지 않다. 면담 시 참고용으로만 사용되기도 하고, 당사자가 전혀 모르고 지나가기도 한다. 그러나 조직에서 다면평가가 이루어진다면 그 내용을 알아보고 참고하는 것도 자기객관화에 아주 좋은 방법이다. 하지만 늘 좋은 평가만 있는 것은 아닐 테니 자신의 평가를 직접 본다는 사실은 참 유쾌하지 않다. 하급자의 입장에서는 평가나 피드백을 받을 기회가 많지만, 베이비부머 입장에서는 상대적으로 높은 직급으로 인해 객관적인 피드백을 받을 일이 드물기 때문에 더욱 의미 있다.

만약 다면평가를 받을 기회가 없다면, 주변에 평가를 요청하는 방법도 있다. 처음에는 불편하겠지만, 반복적으로 듣게 되는 피드백이 있을 것이다. "내가 이런 말을 종종 듣네. 사람들이 나를 그렇게 보네"라고 하는 부분 말이다. 이런 부분들이 바로 자기객관화에 아주 좋은 역할을 할 것이다.

▼

X세대의 자기객관화 방법

X세대는 자신들이 아직도 90년대 신세대라 생각한다. 직장생활을 할 때부터 컴퓨터로 업무를 했다고 베이비부머 세대와는 다른 업무 능력을 가졌다고 생각한다. 아날로그와 디지털을 모두 경험한 세대이기도 하지만, 오히려 그 점 때문에 어느 쪽에도 속하지 못하는 어정쩡한 세대이기도 하다. 정체성을 어떻게 드러낼 것인가. 그 어떤 세대보다 자기객관화가 필요하다고 본다. 자기객관화 방법은 이렇다.

첫째는 주변을 관찰하라. MZ세대에 비해 베이비부머 선배들과의 교류가 많다. 베이비부머 세대에 비해 MZ세대 후배와의 교류가 많을 것이다. 그만큼 다양한 세대에 대한 관찰이 용이한 세대다. 학습 중에서 관찰을 통한 관찰학습만큼 좋은 방법은 없다. 자기객관화를 위해 위아래 세대를 잘 관찰해 보자. 베이비부머 세대와 MZ세대를 보며 객관적으로 어떤 부분이 잘못되었는지, 어떤 부분을 본받으면 될지 보는 것이다.

관찰은 객관적이어야 한다. 느낌보다는 객관적인 사실을 구체적으로 작성하는 것을 추천한다. 업무를 처리하는 과정에서 후배들이 디지털 기기를 어떻게 활용하는지 상세히 작성해 보거나, 회의에서 상사에게 보고하는 방법을 자세히 묘사해 보거나, 프레젠테이션 장면을 떠올려 보거나, 기획서 쓰는 과정을 상상해 보거나 하는 식으로 말이다. 글로 표현하게 되면 본인이 잘 아는 것과 잘 모르고 있는 부분이 드러나게 된다. 예를 들어 후배의 프레젠테이션을 지켜보게 되었다고 가정해 보자.

- PPT가 남다르다
- 애니메이션을 사용하지 않으면서 포인트는 강조되는 신기한 방법을 활용했다
- 발표할 때 전달력이 좋다
- 내가 평소에 보지 못한 자료가 있다

관찰 일지를 쓰지 않았다면, "발표 잘하네"라며 그냥 지나쳤을 내용이 관찰 일지를 씀으로써 구체적으로 표현이 된다. 그 내용을

보면, 내가 알고 있는 것과 모르고 있는 것이 명확하게 표현된다. '포인트가 강조되는 신기한 방법' 내가 모르는 부분이다. '전달력이 좋다'는 아는 부분이지만, 어떻게 하면 전달력을 높일 수 있는지 도움을 받을 수 있을 것이다.

업무의 경험을 능력이라 착각하지 말기 바란다. 동료들의 업무를 관찰하고 꼼꼼히 관찰 일지를 작성하면서 스스로 부족한 부분을 찾아내고 채우도록 노력해야 한다. 업무의 경험도 객관적으로 표현이 가능할 때 주변에서 인정받을 수 있다. "난 실전에 강해. 내가 무대 경험이 좀 있어" 이런 식의 객관적이지 않은 표현은 업무 능력이라 말할 수 없다.

둘째는 자신만의 업무 매뉴얼 작업을 하라. 주먹구구식으로 업무를 수행하는 시대가 끝났다는 것은 이미 잘 알 것이다. 관찰 일지를 작성했다면 이제는 나에게 맞는 업무 매뉴얼을 작성해 보자. 자기객관화 작업은 결국 업무를 잘하기 위함이다. 평균수명이 길어진 탓에 지금의 직장 이후의 진로 고민도 해야 한다. MZ세대는 자기계발이 습관화된 세대라지만, X세대에게 자기계발은 조금 낯설다. 아마 독서 정도였을 것이다. 그러나 독서를 즐기는 X세대 직장인도 사실상 많지 않다. '2021년 국민 독서실태' 조사 결과에 의하면 조사 대상자 중 40대의 44.4퍼센트만 조사 연도에 책을 읽었던 것으로 나타났다. 30대의 56.3퍼센트가 책을 읽은 것으로 조사된 것과 비교된다.[*] X세대는 자기관리에도 인색하다. 운동이 중요하다는 건 알지만, MZ세대만큼 실천은 안 하는 세대다. 무언가 구체화해서 실천하기를 바란다.

현 직장을 최대한 활용해야 한다. 어정쩡한 X세대에게 강하게 전달하고 싶다. 조금만 더 객관적이고 디지털화된 업무 능력을 강화하도록 하자. X세대에게는 사회가 디지털 역량을 요구할 것이기 때문이다. 아날로그의 감성과 디지털을 모두 경험한 세대라는 것은 더 이상 X세대의 장점으로 작용하지 못할지도 모른다. 아날로그 감성이라 주장하지만, 다른 이들에게는 그저 객관적이지 못한 '감'에 불과하기 때문이다.

지금부터라도 내가 하는 직무에 대한 이력서나 자소서를 쓴다는 느낌으로, 직무 기술서를 쓴다는 느낌으로, 객관적으로 표현되도록 작성해 보자. 구체적으로 표현하다 보면 어느 부분이 부족한지 드러날 것이다. 이 작업이 바로 자기객관화다. 실무에서 멀어지기 전에 오늘 당장 시작하자.

---

[*] 〈2021년 국민 독서실태 조사〉, 문화체육관광부, 2021.

▼

밀레니얼 세대의 자기객관화 방법

세상이 밀레니얼 세대를 이해하기 위한 노력이 한창이다. 밀레니얼 새대가 새 시대를 끌고 가는 것임은 틀림없다. 그러나 Z세대와 알파세대가 다가오고 있다는 것을 명심하라. 그래서 스스로 젊은 꼰대가 되지 않기 위한 자기객관화 작업이 똑같이 요구된다.

첫째, 본인의 역량이 영원할 것이라는 생각은 하지 마라. 이전 세대도 모두 그렇게 생각했다. 모든 세대가 젊은 시절에는 '핫'했던 것 같다. 그런데 결국 꼰대가 되고, 시대의 변화에 민첩하게 따라가기 힘든 세대가 된 것이다. '나는 아닐 거야'라는 생각이 들지 모른다. X세대인 나도 늘 그런 생각을 하며 산다. 착각이다. 자기객관화를 하지 못한 탓이다.

본인 역량을 조금 더 확대할 방법을 찾자. 본인 역량을 주변에 자랑하듯 공유하고, 더 넓은 업무에 적용될 수 있는 방법을 도모하자. 나 혼자만의 힘으로는 가능하지 않다. 협업이 필요하다. 협업으로 시너지를 낼 수 있을 뿐 아니라, 그 과정에서 나에게 부족한 부분을 발견할 수 있다. 선배 세대의 객관적이지 못하다고 치부되었던 경험에서 나오는 통찰력도 어느 부분은 배움이 될 것이다. 그들은 우리 역량이 필요하다. 서로 윈윈이다. 부족한 부분을 찾아야 채울 수 있고, 부족한 부분을 발견해내는 과정이 바로 자기객관화 작업이다.

둘째, 젊은 꼰대임을 인정하라. 같은 업무를 봄 여름 가을 겨울 경험하면 꽤 익숙해진다. 이 순간에 주의하라. 개구리 올챙이 적 모르게 된다. 내가 익숙해진 만큼 누군가의 업무에 부족한 부분이 발견된다. 그 순간 우리는 꼰대가 된다. 상대의 부족함이 보일 때, 내가 뭔가 조언을 해주고 싶다는 느낌이 드는 그 순간 말이다. "내가 왜 이러지? 내가 왜 후배에게 잔소리하고 있지?"라고 스스로 자책이 드는 순간이 올 것이다. 하지만 괜찮다. 그냥 젊은 꼰대임을 쿨하게 인정하라. 젊은 꼰대도 능력이 있어야 가능하다. 대신에 업무 피드백을 친절하고 객관적으로 해주면 된다. 따뜻한 꼰대가 되기로 마음먹어라. 리더십을 경험할 수 있는 기회라 생각하고 꼰대질을 마음껏 해보는 것도 좋다. 단, 따뜻하게 말이다.

꼰대임을 인정하는 자체가 자기객관화다. 베이비부머 세대나 X세대는 본인이 당연히 꼰대일 것이라 생각을 하니 별 문제가 없다. 그러나 밀레니얼 세대는 꼰대질은 하면서 본인은 선배 세대와 다르다고 생각하니 답답한 노릇이다. 제3자의 시선으로 볼 때에는 모두 다 같은 꼰대인데 말이다. 꼰대가 아닌 척하며 신조어를 배울 필요도 없다. 꼰대가 아닌 척하며 디지털 기기를 새것으로 바꿀 필요도 없다. 꼰대가 아닌 척하며 인스타그램 스토리를 따라

하고 제페토를 한다고 답이 아니다. Z세대를 따라 하는 순간 그들은 도망가 버릴 것이기 때문이다.

▼

Z세대와 알파세대를 맞이하기 위한 자세

《2022 트렌드 노트》라는 책에 아주 재미있는 내용이 있었다. 핑크뮬리가 유행일 때 밀레니얼 세대는 누구보다 빨리 인증샷을 찍고 SNS에 올렸다고 한다. 그런데 Z세대는 그곳에서 사진 찍기를 거부했다. X세대는 핑크뮬리가 뭔지도 모른 채 유행이 지나가 버렸다는 것이다. 안타깝게도 이 책에서는 베이비부머 사례는 언급도 안 하고 있다.

핑크뮬리를 알고 있다는 사실이 트렌디한 것인가? 핑크뮬리를 모르는 X세대는 트렌디하지 못한 꼰대인가? Z세대가 이런 트렌드를 거부한다는 것까지 알아야 트렌디한 것 아닌가?

나도 《2022 트렌드 노트》를 읽으면서 개인적으로 나의 한계치를 또 한 번 깨달았다. X세대인 나는 핑크뮬리가 유행인 줄 알고 그 앞에서 사진을 찍고 SNS에 올렸다는 사실만으로도 내가 왠지 밀레니얼 세대에 가까운 사람인 양 아주 잠시 기뻐했다는 사실에 말이다. 잠시나마 내가 Z세대의 특성을 잊고 있었다는 사실에 자기객관화가 부족했음을 깨달았다. 하지만 늘 모든 트렌드에 민감할 수 없는 노릇이다. 업무에 있어서도 늘 새로운 업무 방식을 적용할 수는 없다. 과거의 관행이 익숙하기도 하고, 변화가 두렵기도 한 것이 사실이다. 적어도 내가 매 순간 노력하는 사람이며, 주변 상황을 파악하려는 의지는 갖고 있어야 함을 강조하는 것이다. 자기객관화가 잘 되어 있는 사람이라면 본인에게 부족한 부분을 잘 알고 늘 노력할 것으로 생각한다.

사실 특별히 노력이라 할 것도 없다. 모르면 물어보는 것이다. 동료 업무에 관심을 두고 나와 협업할 수 있는 부분을 적극적으로 소통하는 것이다. 내가 도움을 줄 수 있는 부분도 적극적으로 어필하고 더 큰 시너지를 만들어 보자. 그러기 위해선 나의 업무를 객관적으로 매뉴얼로 만들어 보는 것이 먼저다. 어느 부분에 강점이 있고, 어느 부분에 약점이 있는지를 먼저 살펴보고 채우고 나눌 수 있는 전략을 만들어 보자. 이는 어느 한 세대에만 한정된 이야기가 아니라, 모든 세대에 해당한다.

2010년 이후 출생자인 알파세대는 기계와의 소통이 익숙해져 사회성 발달에 부정적 영향이 있을 것으로 예상되는 세대다. 아직 정의가 명확하지는 않지만, 식당에 가면 어른들이 식사하는 동안 태블릿 PC를 보고 있는 아이들을 흔하게 볼 수 있다. 어른들이 아이들을 달래며 같이 식사를 하는 모습이 아니라, 태어나자마자 태블릿 PC 또는 AI 스피커와의 소통이 더 빈번한 세대다. 이 세대와 소통하는 방법은 아직 명확히 제시되지 않고 있다. 이제 초등학생이니 특징이 드러나려면 본인의 의견을 본격적으로 표현할 수 있는, 적어도 중학생은 되어야 할 것 같다.

아직 출생하지는 않았지만, 몇 년 뒤에 태어날 알파세대 이후의 아이들은 베타세대가 될 것이다. 아직 정의도 되지 않은 다양한 세대를 맞이하는 우리의 자세는 어때야 할까. 방법으로 논의하기는 시기상조일 것이다.

하지만 한 가지는 확실히 이야기할 수 있다. 스스로 자기객관화가 잘 되어 있다면 새로운 세대를 맞이하는 데 어려움이 없을 것으로 본다. 내가 정답이라고 주장하지 않고 나를 객관적으로 바라볼 힘이 있다면, 그 어떤 세대가 와도 긍정적으로 맞이하게 될 것이다. 모든 세대의 공존을 위해 자기객관화 작업이 필수임을 다시 한번 강조한다.

4장

꼰대는 나이 아닌
공감의 문제

좋은 공감이란
무엇인가

한 기업에서 '성과 코칭을 위한 면담기법' 교육 과정 개발 의뢰가 들어왔다. 면담은 평가자인 임원이 피평가자인 직원을 대상으로 업무 목표를 함께 설정하고, 진행 상황을 검토하고, 경력개발을 조언해 주거나, 업무 애로사항을 듣기 위한 자리였다. 조직에서의 평가는 연봉을 책정하거나 승진을 하는 데 아주 결정적인 역할을 한다. 게다가 시대가 바뀌면서 공정한 평가에 더욱 관심을 갖는 세대가 등장함에 따라 성과 평가는 더욱 중요하게 여겨진다.

해당 기업의 경우 팀장에 의해 1차 평가가 이루어지고, 최종 결재는 담당 임원이 하게 되는데, 피평가자인 직원을 한 번도 보지 못한 채 팀장의 평가만으로 최종 결재를 하게 되는 경우가 대다수다. 이런 평가의 약점을 극복하고자 연 2회 임원에게 직접 직원과의 면담 기회를 주고자 한 것이다. 평소에 직원들은 바쁜 임원과 대면 기회가 없는 게 현실인데, 면담을 통해 이야기도 나누고 조언도 들을 수 있어서 아주 좋았다는 평이 대다수였다.

그런데 일부 임원이 또 꼰대 행동을 보인 모양이다. 면담 목적과 관계없이 본인의 이야기를 늘어놓거나 질책성 발언을 하는 등 부정적인 평도 종종 있었다. 업무 애로사항을 말하라고 해서 이야기했더니 "그 정도가 힘들어요? 저는 그보다 더 힘든 일도 많았어요. 제 이야기해드릴까요?"라는 대답이 돌아왔다는 것이다. 상반기에 정한 목표의 진행 과정이 미진한 경우, 앞으로 더 잘할 수 있는 방법에 대해 논의를 해야 하는데 "이런 식으로 해서 앞으로 직장생활 잘 하겠어요? 지금까지 뭘 한 거예요? 평가 책임 못 집니다. 저는 이런 식으로 일해본 적 없거든요." 가슴 철렁하게 만드는 말만 이어졌다는 것이다. 면담 혹은 사석에서라도 본인의 성공담은 이야기하지 않는 게 좋다. 성공 경험이 있으니 임원이 됐을 것이고, 굳이 말로 하지 않아도 된다. 능력이란 남들이 알아줘야지, 내 입으로 직접 말한다는 것은 참 부끄러운 일이다. 말 그대로 '안물안궁'이다. 그리고 꼭 기억할 것이 하나 더 있다. 그때는 맞고, 지금은 틀리다.

이 교육은 임원 대상이니, 아마도 나이가 많다고 생각할 수 있다. 그러나 최근 많은 조직은 매우 젊어지고 있으며, 이 조직 역시 젊은 임원이 많고 게다가 연상 부하(부하의 나이가 더 많은 경우)가 40퍼센트나 되는 구조였다. 바꿔 말해, 젊꼰이라는 것이다. 이 조직에서 요구한 교육 내용은 '면담기법'이었지만, 상대의 이야기를 잘 듣고, 질문하고, 적절한 피드백을 하는 행동적인 부분을 알려주는 교육은 의미가 없다는 생각이 들었다.

면담의 첫 단계인 '경청'을 어떻게 교육해야 할까? "잘 들어주세요. 시선을 마주하고, 고개를 끄덕이세요. 적절한 리액션을 하고요." 이런 말이 무슨 의미가 있겠는가. '공감'이 우선되지 않으면 스킬은 아무 소용이 없다. 스킬에 앞서 마인드가 더욱 중요하다. 따라서 '면담기법'이라는 교육 제목부터 달라져야 한다는 생각이 들었다. '성과 코칭을 위한 마인드 세팅' 또는 '면담을 위한 공감 훈련' 정도가 더 적합하다.

코칭 시 가장 고민스러운 상대는 저성과자 혹은 연상 부하다. 저성과자의 경우, 가장 좋은 면담법은 "힘든 일은 없나요? 제가 도와줄 일이 뭐가 있을까요?"라며 질문을 통해 상대방의 이야기를 먼저 들어주는 것이다. 공감하고, 조언은 절대 하지 말라고 한다. 어차피 본인이 저성과자인 걸 알고 있다. 그런데 면담 내내 조언을 한다면 꼰대질에 마음이 더욱 상할 것이다. "성과가 부진할 수도 있죠. 저도 그런 적 있었어요." 이 또한 좋은 공감법은 아니다. 상대가 저성과자라는 것을 인정하는 말이다. 진정한 공감은 상대의 입장에서만 생각하는 것이라 했다. 이왕이면 발전적인 방향으로 나갈 수 있는 면담법을 구사해야 한다.

연상 부하일 경우에는 어떤 방법이 있을까? "이번 분기 어떠셨나요? 괜찮으셨죠?"라는 질문으로 자신의 성과를 자랑할 기회를 준다. 사람들은 자신의 이야기를 할 때 본인이 특별한 사람이라고 느껴지기 때문에 가장 행복해한다. 충분히 이야기를 듣고 그 안에서 잘한 부분을 찾아 긍정적인 피드백을 해주는 것이다. 상대의 성과 중에서 더욱 확장될 수 있는 부분은 없는지 찾고 동기부여 해줘야 한다. 이런 기회를 주지 못하고 본인의 이야기만 늘어놓는다면, 역시 꼰대다.

'길티 플레져Guilty Pleasure'라는 말이 있다. 어떤 일에 대해 잘못하고 있음을 알면서도 계속하게 되는 심리를 뜻한다. 이를테면, 엄마한테 혼나고 나면 심술이 나서 '나 삐뚤어질 테야' 하는 것도 이에 속한다. 잘하고 싶은 마음이 도무지 생기질 않는다. 그러면서 상대가 속상해하는 모습에 통쾌하다는 생각이 들기까지 한다. 팀장님께 한 소리 듣고 기분이 나빠진 김 대리가 이렇게 생각할 수 있다. '내가 누구 좋으라고 일을 열심히 해.'

또 "김 대리, 이거 빨리 처리 안 해? 나 상무님께 보고 들어가야 해"라고 닦달하면 '내가 일을 빨리 안 하면 팀장님이 곤란하겠구나. 그럼 나는 최대한 느긋하게 일 처리를 해야지'라고 마음 먹을지 모른다. 김 대리의 이러한 행동 또한 옳지 못하다. 김 대리의 이 행동 또한 꼰대의 행동이고, 이런 행동을 하게끔 만들었을 팀장님의 어떠한 행동도 꼰대의 행동이었을 것이다. 이 모습을 지켜보고 있는 신입도 간접적으로 배울지도 모른다.

《무례한 사람에게 웃으며 대처하는 법》의 저자 정문정 작가는 "꼰대는 나이의 문제가 아니라 공감 능력의 문제"라고 했다. 젊은 조직의 연하상사를 보며 정문정 작가와 같은 생각이 든다. 꼰대란 '권위적인 사고를 가진 어른'이라는 사전적인 의미만으로는 표현하기 힘든 그 이상의 의미다. 꼰대처럼 보이는 행동은 상대를 공감하지 못해 발생한다. 나도 대학에서 강의하면서 마음에 안 드는 부분이 있다가도, '맞아, 나도 그랬지.' 하며 마음을 가다듬곤 했다. 하지만 부족한 인간이라 매 순간 쉽지만은 않았다. 중년이 된 지금도 마찬가지다. 탈꼰대를 외치며 책을 쓰고 강연을 하고 있는 지금도 늘 마음을 가다듬으며 상대를 공감하려 노력한다. 내가 지금까지 생각했던 공감의 의미는 어땠는지, 진정성 있는 공감의 의미를 깨달았는지, 공감인 줄 알고 했던 말들이 사실은 꼰대 발언이었는지 스스로 되새겨 보기 바란다.

공감이
떠오른 이유

▼

4차 산업혁명 시대,
사람만의 역량은 공감

공감이 이 시대에 떠오르게 된 이유에 대해 생각해 보자. 한 가지는 4차 산업혁명 시대에 추가된 인간만의 능력으로써의 공감, 다른 한 가지는 사회적 공감이다. 4차 산업혁명, AI 시대 등은 이제 더는 낯선 단어가 아니다. 인공지능 의사 왓슨, 인공지능 변호사 로스 등 전문직의 대명사인 직업도 로봇이 대체하고 있다는 기사를 많이 접했을 것이다.

인텔의 공동 창업자 고든 무어가 1965년 《일렉트로닉스》에 발표한 칼럼에서 "반도체 메모리칩 성능과 메모리 용량은 약 24개월마다 두 배씩 늘어난다"고 주장했다. 반도체와 집적회로의 발전은 실제 이 속도대로 진행되어 왔고 이를 '무어의 법칙'이라고 한다. 의학지식이 두 배로 증가하는 데 1950년대에는 50년이 걸렸고, 2010년에는 3.5년이 걸린 데 비해, 2020년에는 73일이면 가능하게 되었다고 한다. 이러한 과학 발전 속도 차원에서 보면 인간이 도저히 기계나 로봇을 따라가기에는 역부족이라는 것이다.

로봇과 AI의 등장으로 인간의 일자리는 위협받고 있다. 노벨 경제학상을 수상한 크리스토퍼 피서라이즈 교수는 2017년 한 학술 포럼에서 다음과 같은 발언을 했다. "현재 820개 주요 직업 중 34퍼센트가 AI와 로봇으로 대체될 것이다. 하지만 걱정할 필요는 없다. 새로운 일자리 수요가 창출될 것이다." 새로운 일자리는 어떤 능력을 요구하게 될지 고민이다. 《사피엔스》의 저자 유발 하라리 교수는 "수학, 과학 등은 AI에게 맡기고 인간은 감정 지능을 길러야 한다"고 이야기 한 바 있다. 우리는 AI가 따라 할 수 없는, 인간만이 할 수 있는 능력을 키워야 한다. 바로 감성이다.

그런데 참 안타까운 일이 있다. 감성을 가진 로봇도 누군가가 개발 중이라는 것이다. 지금까지 개발된 로봇들은 단순 기능을 반복 수행하는 로봇의 형태였으나, 최근에는 사람과 비슷한 사고를 하는 로봇이 등장하고 있다. 바로 '지능형 로봇'이다. 이 로봇은 주변 환경을 인식한 후 자신의 행동을 결정한다. 더 나아가서는 로봇의 최고위 단계라 할 수 있는 '인공시능' 기능을 갖춘 로봇이 개발될 것이다. 이런 인공지능 로봇이 인간과 교감할 수 있게 하려는 시도가 이루어지고 있는데, 바로 감성을 가진 로봇이다. 감성을 인식하고 감성을 분석하고, 마지막 단계는 감성을 표현하는 기술을 로봇에 적용시키는 것이다.

심리학에서 인간의 감성을 인식의 단계, 처리의 단계, 표현의 단계로 구분하는 것처럼 같은 단계를 거치도록 모델링 중이다. 만약 이런 기술이 개발돼서 로봇이 우리 인간과 효율적으로 상호작용을 할 수 있게 된다면 삶이 더욱 편리해질지도 모른다. 하지만 인간의 감성을 로봇이 이해할 수 있을까? 표정, 몸짓 언어, 말의 뉘앙스, 단어의 서로 다른 의미 등을 모두 이해할 수 있을지 의문이다. 게다가 사람마다 모두 다르게 표현되는데 말이다. 컴퓨터나 로봇의 발전으로 언젠가는 인간의 감성을 내재해 능숙한 커뮤니케이션 기술을 흉내 낼 수 있을지는 모르지만, 아직까지 인간이 컴퓨터나 기계보다는 우위에 존재하고 있는 것이 사실이다.

인공지능 의사 왓슨이 성공적인 수술은 할 수 있을 것이다. 그런데 우리가 병원에 진료를 가면 의료진과 많은 이야기를 나눈

다. HRD 전문가인 지인은 한 의과대학의 '따뜻한 의사 만들기 프로젝트'의 일환으로 예과 1, 2학년생을 대상으로 2학점짜리 '소통리더십' 수업을 진행한 적이 있다. 의사는 환자와 다양한 소통 과정을 통해 진료를 보고, 병명을 진단한다. 과연 왓슨이 이 과정까지 가능할까 싶은 것이다. 그럼 우리 조직은 어떠한가? 영업사원이나 컴플레인을 처리해야 하는 직원들은 고객들과 커뮤니케이션을 통해 상호작용한다. 노련한 영업사원은 상대의 마음을 잘 읽고원하는 바를 끌어낼 것이다. 이 과정에서 공감의 역량이 필요하다.

몇 년 전, 식당에서 로봇이 서빙하는 모습을 보고 신기술에 깜짝 놀란 기억이 있다. 하지만 식사하다가 컵을 엎질렀다고 가정해 보자. 고객의 상황을 민첩하게 공감하고 대응하는 능력은 아직 인간이 훨씬 더 나을 것이라 생각한다. 몇몇 직업뿐 아니라, 대부분의 직업이 소통 과정을 통해 문제를 해결해 나갈 것이다. 이 같은 사실은 1965년 나사NASA, 미국항공우주국의 보고서에도 언급된 적이 있다. "인간은 가장 낮은 비용, 비선형 구조, 그리고 적은 무게(67.5 킬로그램)로 거의 모든 것을 수행해 내는 컴퓨터 시스템과 같다. 그리고 특별한 교육 없이도 대량생산될 수 있다." 우리 인간이 그렇다. 바로 공감 능력이 있기 때문이다.

각 부처마다 다르지만, 공무원은 승진을 위해 내부적으로 평가받는다. 평가항목 중에는 리더십이나 문제해결 능력 등도 포함된다. 보통 6급에서 5급으로 승진할 때 면접 평가를 받게 되는데, 30대 후반에서 50대까지 연령대가 다양하다. 각 기관의 연수원에서는 면접 준비 과정을 두며, 이를 위한 교육과정을 개발하고 운영했다. 면접 평가를 위한 평가항목은 다음과 같다.

- 공감적으로 경청한다
- 구성원들의 특성 차이를 이해한다
- 개개인의 차이를 감지하고 배려한다
- 관계 부서 및 사람들의 저항과 혼란을 줄이기 위해 노력한다

실제 어느 부처에서 실시하는 면접의 평가항목이다. 리더가 될수록 이제는 더 이상 숫자로 보여지는 성과가 의미 없어지는 시대가 될지도 모른다. 주변의 좋은 사람들을 한번 떠올려 보자. 어떤 사람을 보고 '좋은 사람'이라고 이야기하는가. 아마도 "내 이야기를 잘 들어준다. 내가 말을 할 때 마음이 편안하다. 내 마음을 알아주는 것 같다" 등일 것이다. 이런 특징들을 우리는 '공감을 잘하는 사람, 공감력이 뛰어난 사람'이라고 한다. 예전의 우리 사회나 조직은 윗사람만 말을 할 수 있었다. 오죽하면 "억울하면 출세하라"는 말이 있겠는가. 우리는 공감이라는 감정은 무시한 채 권력이 있는 사람이 일방적으로 말하는 사회에 살아왔다. 현대는 혼

자 일하는 시대가 아니라 서로 협업 과정을 통해서 많은 아이디어를 한 곳으로 모아야 하는 '공감 능력 필수' 시대다. 이런 시대에는 공감의 부족만으로도 꼰대 소리를 듣게 되는 것이다.

▼

사회적 이슈를 통한 공감

2021년 8월 말, 탈레반이 점령한 아프가니스탄을 떠난 사람들이 한국에 입국했다. 과거 한국을 도왔던 아프간인 '협력자'와 그의 가족이다. 정부가 특별 공로를 인정해 장기 체류와 취업이 가능한 비자를 발급하기까지 했다. 이에 대해 국민들이 얼마나 공감을 하는지에 대한 조사가 있었는데 열 명 중 일곱 명이 긍정적인 반응을 보였다. 나 역시 이 '미라클 작전'에 가슴 깊이 공감하며 이들의 입국을 환영했다.

이렇게 '사회적 공감'을 끌어낼 수 있었던 이유는 무엇일까? '난민'이라는 단어를 사용하는 대신, '과거 한국을 도왔던 협력자'라는 단어를 통해 공감을 끌어낼 수 있었는지도 모른다. 또 다른 이유는 그만큼 우리나라 시민의식이 높아진 것이라 생각한다.

시민의식이 향상되면서, 지금까지 참아왔던 많은 불편함들을 사회적 이슈로 끌어올려 사회적 공감을 끌어낼 수 있기 때문이다.

'미투', 연예인들의 '학폭', 주민의 갑질로 인한 경비원의 극단적인 선택과 명문대생의 택배기사 막말 사건 등을 떠올려 보자. 이런 사회적 사건에 공감하는 사람도 있었지만 반대 의견도 분명히 존재했을 것이다. "지난 이야기를 뭘, 사회생활할 마음 없나? 그래서 어쩌라고" 등. 만약 우리가 이렇게 남의 이야기를 가십거리 정도로만 생각하고 그 사람의 입장에서 공감하지 못한다면, 우리 사회에 발전적인 변화는 없지 않을까? "뭐 지나간 일인데, 이제 밝혀서 뭐 하겠다는 거야"라는 반응은 공감이 아닌 꼰대 마인드다.

학폭, 갑질 혹은 막말 관련 기사들을 접할 때면 우리는 간접적으로나마 학습하게 된다. 내가 혹시 실수한 부분은 없었는지 성찰하는 기회도 갖게 된다. 공감은 유사한 경험이 있을 때 조금 더 쉽게 이루어진다. 그런데 우리가 같은 경험을 하기란 쉽지 않으므로 많은 사람의 이야기를 듣는 것으로 공감 학습을 대신하기도 한다. 바로 사회적 이슈를 통한 공감 학습이 일어나는 지점이다. 사회적 이슈가 공감되지 않을 수도 있다. 개인의 생각은 자유이니 말이다. 단, 공개적인 자리에서 입 밖으로 꺼내지는 말도록 하자. 바로 꼰대 인증이니 말이다.

경험의 공유도
공감이 된다

20대 후반, 석사학위를 마치고 대학에서 시간 강의를 시작했다. 수업 시간에 지각하거나 수업 태도가 불량한 학생이 참 보기 불편했다. '내가 수업하는데 잠을 자다니, 저 학생은 왜 매번 지각하는 건지, 과제가 왜 이 모양인지' 학생들이 내 마음 같지 않았다. 사실 나이 차이도 몇 살 안 나는 교수인 주제에 내가 왜 그렇게 꼰대 같은 생각을 했는지 지금 생각하면 부끄럽다. 하지만 당시에는 학생들이 도무지 예쁘지 않았다.

몇 년이 지나 내가 아이를 낳고 강의를 다시 시작하는데, 마음이 달라지기 시작했다. 수업 중에 자는 학생을 보는데 '얼마나 힘들면 수업 시간에 잠을 잘까? 저 학생은 지각을 자주 하네, 집이 멀리에 있나? 과제를 기한 내에 제출하지 못했지만 내가 혼낼 수는 없지, 저 학생 엄마한테 아주 소중한 아이일 테니까' 이런 생각이 들면서 사람이 귀하다는 생각이 드는 게 아닌가. 아이를 낳고, 예쁘고 귀한 걸 말로 표현하지 못할 정도니, 학생들도 어느 부모의 귀하디 귀한 자식이라는 생각이 들었다. 더 이상 나는 꼰대 교수 같은 행동은 하지 않으려 숱한 노력을 하게 되었다.

꼰대는 나이의 문제가 아닌 공감의 문제라 했다. "그래, 나도 같은 경험이 있어. 얼마나 힘들까?" 아름다운 공감의 대화다. 그런데 꼰대는 본인이 경험한 것에 대해 공감은커녕 본인을 영웅화하는 경향이 있다. "나도 다 했거든. 나는 그렇게 유별 안 떨었어. 어디서 엄살이야!" 이런 공감이 결여된 꼰대식 대화는 아름답지 못하다. 나는 강의 중에 늘 이런 말을 한다. "나의 올챙이 적을 떠올려 봐라. 나는 그 시절 그렇게 스마트하지 않았다. 나도 신입 때는 많이 미숙했다." 경험을 떠올려 보며 공감하도록 노력해야 꼰대 탈출이 가능하다.

내가 잘 아는 강사 한 분은 대학생 때 백화점 의류 매장에서 아르바이트를 하다가 정직원으로 채용되었다고 한다. 매장 영업 근무 경력이 몇 년 쌓였는데, 어느 날 본사 사내 강사 자리가 나면서 매장 영업사원에서 교육팀으로 이동하게 됐고, 전국에 있는 매장에 다니면서 직원들에게 판매에 관련된 스킬이나 친절 교육을 하게 된 것이다. 본인이 직접 경험한 다양한 내용을 토대로 구성하니 그 어떤 교육보다 더욱 '공감' 면에서 반응이 좋았다. 지금은 프리랜서로 활동하는데, 본인의 브랜드가 바로 '판매직원 출신 강사'다. 이럴 때는 강의 스킬은 의미없다. 살아 있는 경험으로 공감 가는 콘텐츠를 전달하니 그 어떤 교육보다 질적으로 만족스럽다. 공감 능력은 이렇듯 '경험의 공유'에서 출발한다.

만약 내가 직접 경험을 할 수 없다면, 간접 경험도 방법이다. 어린 시절 위인전을 읽는 경험부터, 책이나 TV 다큐멘터리 등을 보면서 타인과 세상을 공감하게 된다. 따라서 커뮤니케이션 학자들은 공감을 '다른 사람의 감정이나 생각을 감지하고 그것을 상대방의 입장에서 대신 경험하는 인지적 과정'이라고 정의한다. '상대방의 입장' 이 단어가 핵심이다.

꼰대가 되지 않기 위해서 사람들과의 관계 속에서 항상 생각해야 할 부분이 있다. "상대는 지금 어떤 상황인가?" 관심을 갖고 늘 예의주시하길 바란다. 관심은 또 다른 경험이 될 수 있고, 경험은 다시금 공감을 일으키는 선순환 구조임을 명심하라. 어렵지 않다. 잘 들어주는 것만으로도 충분하다.

공감은
인간의 본능

▼
거울 뉴런의 발견

한 기업에 교육을 가던 길이었다. 매우 더운 날이었는데 약속된 교육 장소에 도착하니 문이 잠겨 있는 게 아닌가. 담당자에게 전화를 걸어보니 "박사님, 길 건너 별관 건물로 변경되었어요. 800 미터 정도 되는 거리예요. 이쪽으로 오세요"란다. 무더위에 하이힐을 신고 다시 걸어가야 하다니. 왜 미리 알려주지 않았는지, 사과의 말도 없고, 기분이 퍽 상했다. 땀을 흘리지 않으려고 최대한 호흡을 조절하며 걸어가는데 저기서 누가 나를 보며 환하게 웃고 있는 게 아닌가. "박사님, 박사님. 좀만 더, 파이팅." 밝게 웃는 얼굴로 박자를 맞춰가며 나를 응원해 주고 있는데, 너무 유쾌해 보였다. '웃는 얼굴에 침 못 뱉는다'라는 속담이 생각나면서 나도 모르게 웃음이 새어 나왔다. 그 직원은 속으로 '웃는 얼굴에 침 못 뱉는다고 하잖아. 내가 웃으면 화 안 내실 거야' 생각했을지 모른다. 우리는 이 말을 속담으로 배웠지만, 사실은 과학적으로 증명이 된 말이다.

1990년 이탈리아 파르마대학교에서 '거울 뉴런Mirror Neuron'이라는 뇌세포를 우연히 발견하게 된다. 원숭이 뇌에 머리카락만큼이나 가느다란 전극을 하나 심어 넣었고, 신경세포가 활성화되는 즉시 소리가 나도록 장치를 만들었다. 연구자가 원숭이 앞에 놓인 쟁반에서 건포도를 집어 들면 신경세포가 활성화되어 스피커를 통해 소리가 나는 원리였다. 그런데 원숭이가 건포도를 집자, 연구자가 건포도를 집어 들었을 때와 똑같은 반응 소리가 들렸다. 처음에는 연구자들도 이 상황을 잘 이해하지 못했다. 몇 년 후 유명한 신경과학자 빌라야누르 라마찬드란은 "생물학에서 DNA가 했던 역할을 심리학에서는 거울 뉴런이 하게 될 것"이라고 예측하게 된다.

다시 말해 이때 활성화되었던 신경세포, 즉 '거울 뉴런'은 특정 행동을 내가 하든, 남이 하든 같은 자극으로 받아들인다는 것이다. 이 거울 뉴런은 우리 주변 사람들의 행동과 정서를 거울처럼 반영해서 그 행동이나 정서가 우리의 일부가 되도록 만든다. 대화를 나누는 상대가 인상을 찡그리면, 나도 모르게 상대의 인상을 따라한다. 웃는 사람을 보면 나 역시 기분이 좋아져서 미소짓게 되는 이치다. 교육 장소가 사전에 예고도 없이 바뀐 일로 짜증이 났지만, 담당자의 웃는 얼굴을 보고 나도 모르게 웃음이 터져 나온 것도 바로 이 거울 뉴런 때문이다.

상대방의 웃는 얼굴을 보고 나도 모르게 표정을 따라하게 되면서 나의 기분까지도 상쾌해지는 상황은 상대의 정서가 나의 정서가 될 수 있다는 원리인데, 바로 공감이 되는 지점이다. 이는 거울 뉴런이 있기 때문이고, 다른 의미로 공감은 우리의 본능이라는 뜻이다. 이러한 공감은 노력이 필요하지 않고 자동적으로, 직관적으로, 무의식적으로 일어난다. 따라서 내가 상대의 웃는 얼굴을 보고 바로 웃게 되는 것은, 공감이라고 느끼기도 전에 거울 뉴런이 먼저 활성화되었기 때문이다.

과학자들은 거울 뉴런의 발견으로 뇌에서는 '하는 것'과 '보는 것'이 실제로 같을 수 있다는 사실을 처음 발견했다. 타인의 특정 행동을 볼 때, 내가 마치 같은 행동을 하는 것처럼 느끼게 된다는 것이다. 바로 공감이다. 우리가 '좋은 말, 바람직한 행동'을 한다면 상대도 나에게 그렇게 대할 것이다. 그러나 '바람직하지 않은 말과 행동'을 한다면 상대도 나와 똑같이 행동할 것이다. 우리가 먼저 좋은 말과 행동을 해야 하는 이유를 알겠는가.

과학적인 근거를 들어 설명했지만, 우리는 결과만 알아도 충분하다. 본 대로 행동하게 되어 있다. 뇌에서 작용하는 과학적인 원리이고 본능이기 때문이다. 내가 꼰대의 말과 행동을 하게 된다면, 상대방도 나를 그렇게 대할 것이다. 나의 꼰대질은 꼰대를 양성할 뿐이라는 것을 기억하라.

▼

거울 뉴런은 꼰대질도 가르친다

거울 뉴런은 특정 행동을 보고 있을 때, 소리를 들을 때, 마지막으로 자신이 직접 그 행동을 할 때 모두 발화된다. 우리가 사회초년생이었을 때의 기억을 더듬어 보자. 상사의 모습도 떠올려 보자. 만약 그중에서 보기 불편했던 행동이 있었다면 '나는 나중에 저러지 말아야지' 생각했을 것이다. 시간이 지나 내가 선배가 되고, 문득 '내가 왜 이러고 있지?' 자책할 때가 있다. 우리는 거울 뉴런이 있었기 때문에 싫었던 행동을 알게 모르게 공감이라는 능력으로 학습했고, 지금 그 행동이 나타나는 것인지도 모른다. 내가 본 대로 따라서 행동하게 되는 건 우리의 '본능'임을 잘 기억해 두길 바란다. 결국 내가 꼰대질을 하게 되면 상대도 나를 그렇게 대할 것이기에, 나의 행동을 우선 바로 잡아 선순환되도록 하자. 공감이라는 본능이 긍정적으로 활용되도록 말이다. 요컨대 꼰대는 나이의 문제가 아니라 공감 능력의 문제인데, 공감은 거울 뉴런이 있는 인간의 본능이므로 바르게 사용하길 바란다.

공감하지 못하는 뇌

영화 〈추격자〉는 연쇄 살인범 이야기를 다룬 작품이다. 배우 하정우는 극중에서 사이코패스 범인역을 맡아 연기했는데, 소름끼치는 연기로 극중 배우가 정말 사이코패스처럼 보이기도 했다. 우리도 주변에서 돌발행동이나 이해할 수 없는 행동을 하는 사람들에게 가끔 "저 사람 사이코패스 아니야?"라고 농담처럼 이야기할 때가 있다. 사실 농담으로 할 수 있는 말은 아니다. 〈양들의 침묵〉, 〈살인의 추억〉 등도 바로 사이코패스를 소재로 다룬 영화인데, 등장인물의 특징을 보면 아무런 양심의 가책도 느끼지 않은 채 끔찍한 범죄를 저지른다. 건강한 사람이라면 "사람이 어떻게 저럴 수 있지?"라고 생각하지만, 사이코패스는 공감 능력이 결여된 상태라 건강한 사람과 느끼는 감정이 다른 것이다. 공감은 인간의 본능인데도 말이다.

▼

공감의 결여, 사이코패스의 뇌

사이코패스의 뇌는 '공감 능력'을 갖고 있지 않은 걸까. 거울 뉴런을 연구한 크리스티안 케이서스는 네덜란드 법무부와 함께 사이코패스가 다른 사람의 고통을 목격할 때 뇌가 어떻게 활성화되는지를 실험한다. 스물한 명의 사이코패스를 대상으로 조사했는데, 그중 사이코패스 체크리스트에서 가장 높은 점수를 받은 '환자 13'이 실험대상자가 되었다. 연구자들은 '환자 13'의 뇌의 어느 부분이 죄책감을 느끼지 않고 사람을 해치게 하는지 발견하려했다.

실험 내용은 이랬다. 실험 대상자들에게 몇 개의 영상을 보여준다. 예를 들어서 두 사람의 손이 상호작용을 하는 모습인데, 한 손이 다른 손을 비틀어서 다치게 하는 영상, 서로의 손을 사랑스럽게 쓰다듬는 영상, 한 손이 다른 한 손을 요구하지만 다른 손을 강하게 거부하면서 밀어내는 영상이었다. 만약 우리가 이러한 영상을 보면 어떤 느낌이 들까? 건강한 사람들은 이러한 영상을 보고 "아플 것 같다. 사랑스러워 보인다. 속상할 것 같다"라며 공감을 표현했다. 그리고 건강한 사람들의 뇌를 살펴본 결과 실제로 정서와 관련된 뇌 영역들이 활성화됐다. 사이코패스들을 대상으로 실험을 한 결과는 건강한 사람들에 비해 정서와 관련한 뇌 영역들이 조금 덜 활성화됐다고 한다. 연구자들은 이 실험결과를 통해 '공감의 결여'가 사이코패스의 핵심일 수 있을 것으로 보고했다. 그렇다면 우리가 공감 능력을 키우기 위해서는 정서와 관련한 뇌 영역들이 조금 더 활성화되도록 하는 방법이 필요할 것이다.

▼

뇌 손상과 공감 능력과의 관계

고대 그리스 사람들은 심장이 감정을 느끼고 생각을 하는 중심 기관이라고 생각했다. 당대 위대한 과학자였던 아리스토텔레스도 뇌의 기능을 피를 식히는 기관으로 알았다고 한다. 1800년이 되어서야 골상학의 창시자 프란츠 요제프 갈에 의해 뇌는 사고와 감정, 의지를 담당하는 기관이라는 것이 밝혀졌다. 당시에도 해부학을 배웠기 때문에 육안으로 보이는 신체기관 만큼은 알고 있어서, 뇌의 모습도 알았다고 한다. 그런데 뇌가 어떤 기능을 하는지 명확히 알지 못했다. 하지만 현대 의학에서는 뇌의 어느 부분이 몸을 움직이게 하고, 숨을 쉴 수 있게 하는지, 우리를 인간답게 보이도록 하는지 또는 생각하고, 기억하고, 말하고, 글을 읽고, 꿈을 꾸게 하는지를 알고 있다. 우리는 좌뇌, 우뇌 혹은 편도체, 해마, 전두엽, 이 정도의 용어는 알고 있다. "나는 너무 이성적이어서 공감이 잘 안 돼"라고 하는 사람이 있지만, 건강한 사람이라면 당연히 '공감'이라는 기능을 담당하는 뇌도 분명 잘 작동할 것이다.

뇌도 늙는다. 뇌는 35세에 능력의 정점을 찍고, 60세 이후가 되면 능력이 현저히 떨어지게 된다. 나이가 들면서 꼬장꼬장해진다거나, 꼰대처럼 말도 안 되는 걸 우기는 이유가 바로 이런 전두엽 대사가 떨어져서다. 35세에 정점을 찍는다고 하니, 젊꼰이 되는 시점이 딱 이 시점이라 볼 수 있다. 만약에 사고로 전두엽이 손상되었다면 복구가 힘들겠지만, 그런 경우가 아니라면 개인의 노력 여하에 따라 전두엽의 손상을 최소화할 수 있다. 자기계발을 하거나, 계속적인 학습을 통해 뇌를 활성화시켜 주는 것도 전두엽을 건강하게 해주는 방법이 될 수 있다.

말 한마디 잘한다고 꼰대가 안 되는 건 아니다. 공감 능력을 키워야 소통을 잘할 수 있는데, 공감은 뇌가 한다. 우리의 뇌는 공감하도록 설계되어 있다. 우리는 모두 사람들과 어울려 살 만한 능력을 뇌의 기능을 통해서 갖고 있다. 그런데 우리 몸이 늙거나, 건강하지 못하면 뇌도 제 기능을 못 할 수 있다. 그럼 우리는 뇌, 특히 공감, 감정과 관련된 전두엽이 활성화되도록 다양한 노력을 해야 한다. 각자의 방법으로 스트레스를 해소할 수 있는 방법을 찾자. 운동이 될 수도 있고 독서가 될 수도 있다. 운동은 스트레스 호르몬을 낮춘다는 연구 결과가 있고, 약 6분의 독서만으로도 스트레스를 해소하는 데 도움이 된다는 연구 결과도 있다. 지금 이 순간 우리가 책을 읽고 자기계발을 하는 것도 전두엽 활성화에 도움이 된다. 이 모두가 꼰대 탈출에 도움이 되는 행동임에 틀림없다. 하지만 무엇보다 중요한 것은 실천을 안 하면 아무 소용 없다는 사실이다. 전두엽의 노화를 막기 위해 스트레스를 해소할 나만의 방법을 지금 이 순간 찾아서 바로 실행에 옮겨라. 믿어지지 않겠지만, 이 모든 방법이 꼰대 탈출을 위한 방법이다.

나를 이해하는
감정이 먼저다

많은 기업에서 교육을 진행하다 보면 조직 내 다양한 이야기를 듣는다. 한 기업에서 '사기를 꺾는 상사의 말'이라는 주제로 설문 조사를 했다. 구성원 의견을 듣고, 교육의 니즈를 파악할 목적으로 실제 교육 전 설문을 실시한 것인데, 지금도 기억에 남는 몇몇 '말'이 있다.

"저 ×× 누가 뽑았어?", "너 그냥 나가서 치킨집이나 해.", "머리라고 달고 다녀?"

내가 혹은 내 가족이 직접 들었다고 상상해 보자. 나는 설문 내용을 보는 내내 가슴이 너무 아팠다. 아직도 이런 말들이 조직 내에서 존재한다니 말이다. '직장내 괴롭힘 금지법'이 시행되면서 많이 개선되었다고 하지만, 많은 직장인이 아직도 막말을 듣고, 상처를 안고 산다는 것이다.

정작 더 심각한 일은 그다음이다. 이런 자료를 공개하면 "자기들이 잘 해야지, 본인이 못했나 보지, 그 정도가 뭐 기분이 나빠, 나는 더 심한 이야기도 들었어"라는 반응이 태반이다. 물론 본인들은 이런 말을 수도 없이 들으며 버텨왔을지 모른다. 이런 막말을 듣고도 감정을 숨겨야 했다. 그러다 자신의 감정을 잃어버린 것인지도 모른다. 본인의 감정을 잘 읽지 못하니, 타인에게도 그렇게 대하는 것이다. 그럼 꼰대는 공감 능력의 부족이라는 말이 맞다. 공감은 타인의 공감뿐만이 아니라, 자신의 감정도 잘 이해하지 못하는 것이다.

성과를 빨리 내야 했기에 상대의 기분 따위는 생각하지 않고 성과만을 위한 커뮤니케이션이 조직 내에 존재했다. 따라서 내가 기분 나쁜 이야기를 들었다 해도, 성과와 돈으로 보상을 받았기에 그럭저럭 견뎠을지 모른다. 또는 남성 위주였던 조직문화에서 감정을 표출하는 것은 남자답지 못하고 나약해 보인다는 사회적 인식 때문에 감정을 드러내지 못했을 것이다. 뇌는 사용하지 않으면 기능이 저하된다. 나의 감정을 읽는 능력(자기이해능력)이 저하되니, 상대방의 감정을 읽는 능력(대인지능)도 같이 저하된 것이다.

이제는 시대가 달라졌다. 저성장이 뉴노멀이 된 이 시대는 참고 견뎌 성과와 돈으로 보상받을 수 있는 시대가 아니다. 맘 편히 즐거운 직장생활을 하고 싶은 마음이다. 공감 능력을 키우는 것에는 동의하나, 나의 감정을 먼저 이해해야 한다는 사실은 의아할 수 있다. 하지만 서로 같은 능력이라는 것을 이제는 이해했을 것이다. 매 순간 나의 기분과 감정이 어떤지를 먼저 학습해 보자. 뇌의 그 부분을 활성화시키면 상대방의 감정을 읽는 능력도 함께 향상될 것이다. '직장 갑질 감수성'에는 내가 들은 말이 막말인지 아닌지에 대한 감수성도 포함된다. 내가 막말을 들었다면, 당시 내 감정을 속이지 말고 솔직하게 표현할 수 있어야 다른 사람을 공감하는 능력도 향상된다. 그러나 대놓고 표현을 하지 못하니 참 난감하다. 그렇다고 계속 나의 감정을 인정하지 않는다면 상대의 감정도 덩달아 무시하게 된다. 이럴 땐 일기장을 활용해서 오늘의 나의 감정을 써보는 것도 방법이다.

내 감정을 무시하고 지나가 버리면 비슷한 행동이 나에게서 표출될 수 있음을 기억하라. "이런 상황에 기분이 유쾌하지 않았어. 동기가 더욱 떨어져. 그러니 나는 이런 식으로 행동하면 안 되겠구나"가 되어야 꼰대짓을 답습하지 않게 된다. 내 감정을 속이지 말고 솔직하게 알아차리고 표현하는 것, 즉 내 감정을 먼저 이해하는 것이 꼰대가 되지 않는 방법임을 기억하자.

공감의 적
'꼰대 마인드'

언젠가부터 우리는 '꼰대'라는 단어를 많이 듣게 되었다. 정확히 어떤 사람이 꼰대일까. 나이가 많은 사람? 말이 안 통하는 사람? 막무가내로 자기주장만 우겨대는 사람? 주로 상사나 윗사람을 꼰대라고 하게 된 것 같은데, 아무튼 좋은 의미로는 쓰지 않는다.

우리나라에서 '꼰대'라는 말이 사용된 시기를 일제시대로 보는 경우도 있지만, 본격적으로 사용된 시기는 1960년대 즈음 어느 소설에서 '나이 많은 남자'를 가리키거나, 탈선 10대들이 '아버지'를 가리켜 또래 사이에서 쓰는 속어 정도로 사용되었다고 한다. 그런데 최근에는 자신만의 방식을 타인에게 강요하는 '꼰대질'을 하는 직장 상사나 나이 많은 사람을 가리키는 말로 의미가 변형되었다.

한때 유행했던 '꼰대 체크리스트'를 들어봤을 것이다. 주로 기업이나 취업포털 등에서 만드는데, 이 책에서는 2022년 버전으로 체크해 보길 바란다.

몇 개나 해당하는가? 일곱 개 이하이면 꼰대 꿈나무, 열한 개까지는 주의 단계, 그 이상이면 자아성찰이 필요하다. 나도 겉으로는 안 그런 척하지만, 상당히 많이 체크했다.

내용을 하나씩 살펴보면, 그 기준이 공감이라는 것이 느껴지는가. 관심이 가지 않는다든가, 상대방은 들을 준비도 안 되었는데 본인 이야기만 하는 건 상대의 기분이나 입장을 공감하지 못하기 때문에 나오는 행동이다. 위의 설문 내용은 사회적 성공 여부나 경제력 같은 조건이 포함되지 않았다. 상관없이 누구나 다 꼰대가 될 수 있다는 말이다. 그러고 보면 우리는 모두 꼰망주, 꼰대 유망주가 아닐까.

2019년 직장인 853명을 대상으로 한 설문조사에서 열 명 중 아홉 명은 "우리 회사에 꼰대가 있다"고 대답했다. 가장 싫어하는 꼰대 유형은 "내 말대로 해" 답정너(23퍼센트) 스타일, 2위는 "SSKK(시키면 시키는 대로, 까라면 까라는 대로)" 상명하복식 사고방식

NEW 꼰대 체크리스트

☐ 사람을 보면 나이가 먼저 궁금하다

☐ 친근함의 표현으로 반말이 자연스레 나온다

☐ 인사예절이 부족한 사람은 마음에 안 든다

☐ 근태는 직장생활의 기본 중 기본이며 나만큼 잘 지키는 사람이 없다

☐ 사람을 볼 때, 좋은 점보다 나쁜 점이 먼저 떠오른다

☐ 나는 후배들에게 직장생활에 대해 해줄 수 있는 조언이 많다

☐ 나의 직장생활 고생담은 1박 2일로 부족하다

☐ 선배로서 사생활에도 도움을 주고 싶다

☐ 신조어나 신문물을 잘 모른다

☐ 나는 꼰대라고 생각하지 않는다

☐ 학연, 지연이 궁금하고, 인맥을 자랑하게 된다

☐ 나보다 일 잘하는 사람은 없다고 생각한다

☐ 나는 라이프보다 워크가 더 중요하다

☐ 요즘 후배들은 노력이 부족하다

☐ 밥과 커피는 선배가 사야 한다고 생각한다

* 7개 이하 꼰대 꿈나무 / 8~11개 꼰대 주의보 / 12개 이상 완벽한 꼰대

(21퍼센트), 3위는 "내가 해봐서 아는데" 전지전능 스타일(16퍼센트) 순이었다.

그래도 설문에 응답한 직장인 중 43퍼센트는 꼰대가 되지 않으려고 노력하는 것으로 조사되었고, 그중 가장 많은 노력은 '되도록이면 말수를 줄이고, 상대방의 이야기를 경청(44퍼센트)'하는 것으로 나타났다.[*]

tvN 프로그램 〈어쩌다 어른〉에서 '꼰대 방지 5계명'이 소개된 적이 있다.

[꼰대 방지 5계명]

- 내가 바꿀 수 있는 사람은 없다
- 그때는 맞고 지금은 틀리다
- 존경은 권리가 아니라 성취다
- 말하지 말고 들어라, 답하지 말고 물어라
- 내가 틀렸을지도 모른다

하나만 기억하자. 공감을 못하니 꼰대 같은 말이 나오고, 꼰대 마인드를 갖고 있으니 공감하지 못하는 것이다. 어느 쪽이 먼저인

---

[*] 〈직장 내 꼰대에 관한 설문조사〉, 인크루트, 2019.

지 모르지만, 공감과 꼰대 마인드는 서로의 적이라는 것을 기억해 두길 바란다. 꼰대 마인드를 버리든, 공감 능력을 키우든, 둘 중 하나는 꼭 해내야 사회에서 살아남을 수 있다.

지식의 저주,
작은 성공이 꼰대를 만든다

    제시어가 주어지면 상대에게 설명하고 알아맞히는 퀴즈 프로그램을 본 적이 있을 것이다. TV를 보는 시청자들은 정답을 알고 있으니 틀리는 모습을 보면서 "아니, 저걸 왜 몰라"라고 반응한다. 또 프로그램 출연자들은 게임을 마치고 제시어를 보는 순간 "왜 그렇게 설명을 해?" 또는 "왜 못 알아들어?"라는 장면들이 나오고, 시청자는 재미있어 한다.

    이 같은 상황은 왜 벌어질까? 내가 알고 있는 상황을 상대도 똑같이 알고 있을 것이라고 생각하기 때문이다. "내가 이 정도 이야기하면 상대도 알겠지"라고 말이다. 여기에는 '지식의 저주The Curse of Knowledge'라는 재미있는 현상이 숨어 있다. 사람들이 일단 무언가를 알고 나면, 모른다는 게 어떤 느낌인지를 잊게 되는 현상이다. 한마디로 아는 사람은 모르는 사람의 마음을 모른다.

직장생활을 할 때의 일이다. 팀장님과 회의를 마치고 나오면 꼭 팀원들과 다시 회의를 했다. 팀장님이 하는 말을 모두가 다르게 이해했기 때문이다. 누구의 잘못이라기보다는 이러한 현상이 왜 일어나는지를 살펴보는 편이 나을 것 같다. 회의에서 팀장님에게 질문을 하기도 쉽지 않다. "그걸 왜 못 알아들어?"라며 무시하는 말투는 너무 듣기 싫은 말이며, 나만 바보 되는 느낌과 동시에 그냥 가만히 있으면 중간은 간다는 명언이 스칠 뿐이다. 사회생활을 하면서 깨우친 행동 지침이었다.

시험 출제자가 '이걸 이렇게 쉽게 출제했는데 왜 틀리지?'라고 생각하는 것처럼 내가 알기 때문에 상대방도 당연히 알 것이라고 믿다가 엉뚱한 일이 벌어지는 경험을 누구나 해봤을 것이다. 내가 직장생활을 하던 때의 팀장님도 그런 생각이었을까? "우리 팀원들이 다 알아듣겠지?" 지식의 저주가 불통을 가져온 것이다.

'지식의 저주'라는 용어는 세 명의 경제학자 마틴 웨버, 조지 로웬스타인, 콜린 캐머러가 1989년 발표한 유명한 논문에서 처음 언급되었다. 정보를 더 많이 가진 사람들이 우월한 지위를 갖게 될 것이라는 기존 연구에 오류를 지적하며, 오히려 너무 많은 지식 때문에 손해를 볼 수 있다고 주장한다.* 다음과 같은 예가 있다. 영화 배급사들은 상영에 앞서 영화 전문가들에게 미리 영화를 관람하도록 한다. 결과에 따라 영화 등급이나 배급 가격을 결정한다. 영화 전문가들은 예술성, 대중성, 상업성, 배우와 감독의 명성 등 다양한 기준을 세워 등급을 산정한다. 전문가들에게 높은 등급을 받는 영화가 흥행에도 항상 성공하는 걸까?

결론부터 이야기하면, 그렇지 않다. 전문가에게 높은 등급은 받았지만, 일반 대중의 눈높이를 맞추지 못해 흥행에 실패하는 경우는 부지기수다. 천문학적 투자비를 들였던 영화가 종종 실패하는 경우가 이런 이유다. 바로 지식의 저주이며, 이는 곧 공감력이 부족한 탓일지 모른다.

'지식의 저주'는 업무환경에서도 오해를 불러오는 원인이 된다. 유능한 최고 전문가라고 인정받는 직원들의 보고서가 퇴짜를 맞는 경우들이 종종 있다. 보고서를 쓰든, 프레젠테이션을 하든, 누구나 다 쉽게 이해할 수 있어야 하는데, 그 분야에 정통하지 않고

---

* Colin Camerer, George Loewenstein, Martin Weber, *The Curse of Knowledge in Economic Settings: An Experimental Analysis*, The University of Chicago Press, 1989.

서는 알지 못하는 전문용어, 어려운 내용들을 상대방이 당연히 알 겠거니 하고 사용하니, 개인의 능력은 탁월하지만 보고서는 좋은 점수를 받지 못하게 된다. 마치 업무에 능숙한 선배와 신입사원, 교수와 신입생 등의 관계처럼 말이다.

처음 입사해서 모르는 것 투성인데, 선배가 회사에서만 사용하는 단어를 사용한다면 신입사원 입장에서 하나하나 다 물어보기도 참 어렵다. 그런데 일부러 그러는 게 아니라 지식의 저주 때문이라는 것이다. 나에게 익숙한 것이라서, 상대가 어디까지 알고 어디까지 모르는 것인지에 대한 공감이 없어서 지식의 저주가 일어나는 것이다.

나도 처음 직장생활을 할 때, 외국계 기업이다 보니 영어를 자연스럽게 사용했다. 한국인 직원들도 조사를 뺀 모든 단어를 영어로 말하는데 멋있어 보이기도 했다. 사실 지금 와서 이야기하지만 그 말 중에는 틀린 영어 표현도 참 많았다. 서로가 잘 알지 못하고 분위기에 휩쓸려 사용했던 것이다. 지식의 저주가 밑바탕에 깔려 있으니 그러려니 한 것이다. 신입사원이나 외부 거래처 사람들은 당황했을 것이다.

지식의 저주는 "스타 선수가 스타 코치가 될 수는 없다"라는 말에 자주 빗대어 사용하기도 한다. 내가 잘하는 것과 잘 가르치는 것은 서로 다른 능력이기 때문이다. 우리 모두 꼰대가 되지 않으려면 지식의 저주를 경계해야 하고, 서로가 공감할 수 있도록 배려하는 언어 습관을 가져야 한다.

지식의 저주에 빠지지 않기 위한 방법으로는 다양한 사람과의 교류를 통해 이해의 폭을 넓히는 것이 필요하다. 사람들의 이야기를 듣다 보면 내가 기준이 아닐 수도 있음을 깨닫게 된다. 바로 내가 아닌 상대의 수준, 상대의 지식, 상대의 경험 등을 기준으로 삼고 사고하는 법을 자연스레 터득하게 된다. 이것이 지식의 저주에서 벗어나는 방법이자 공감 능력을 키우는 방법이고, 꼰대에서 벗어나는 길이다. 어렵게 생각할 필요는 없다. 지금 당장 내 자녀의 이야기를 들어보자. 그 연령대의 경험을 공유해 보는 것부터 시작하자. 지금 당장 내 후배의 이야기를 들어보자. 사회 초년생들의 고민을 함께 나누는 것부터 시작하면 된다.

중요한 건
리더의 공감 능력

    사회 지도층의 황제 의전은 늘 이야깃거리가 된다. 얼마 전에도 '우산 의전'이 기사화된 일이 있었다. 물론 사진을 위한 그림을 만들려는 기자들의 요청에 비가 와서 젖은 땅바닥에 무릎을 꿇게 된 것이 밝혀지긴 했으나, 이 틈을 타서 정치인들은 "나는 내가 직접 우산을 든다"며 SNS에 사진을 올리는 상황이 나오기도 했다. 원래 우산은 본인이 직접 들어야 제대로 비를 막아낼 수 있지 않나 싶은데 말이다.

    사회 지도층의 갑질은 '땅콩 사건'부터인가? 아니다. 그 전에는 너무 당연한 일이라 기사화되지도 않았다. 그러다 사회가 차츰

합리적으로 변화되면서 사회 지도층의 갑질에 대한 보도가 시작됐다.

'물건을 집어 던졌다. 막말을 했다. 갑질 상황의 녹취 내용이 공개됐다'고 하면, 우리는 '저 말을 직접 들었던 사람의 기분은 어땠을까?'라는 생각이 든다. 갑질을 한 사람의 인성에 대한 불만이나 실망보다는 갑질을 당한 사람의 마음을 공감하기 때문에 더욱 화가 난다. 또 갑질 사건들을 접하면서 많은 생각을 하게 된다. '나 같으면 안 그럴 텐데…' 생각하기도 하고, '나도 그런 적이 있는데, 이제부터라도 그러지 말아야겠다'라고 스스로를 다시 한번 돌아보는 기회가 되기도 한다. 이렇듯 갑질은 비단 사회 지도층만의 일은 아니다.

예전에는 '고객은 왕이다'라며 고객의 갑질을 당연시하는 문화도 있었다. 서비스를 받는 자와 제공하는 자, 다시 말해 갑과 을의 관계에서 막말이 오가는 갑질 사건들이 이슈로 떠오르면서 서로를 존중해야 하는 당연한 생각이 등장했다. 어느 날 스타벅스 커피 픽업대에서 우연히 글귀 하나를 봤다.

"가장 감사드리고 싶은 고객이 누구인가요?" 1위 인사 잘 받아주는 고객님, 2위 미소 짓는 고객님, 3위는 음료와 서비스에 따뜻한 피드백을 해주는 고객님이라는 설문조사 결과를 픽업대에 잘 보이게 두고 있었다.

한 줄 한 줄 읽으면서 너무나 공감했다. '맞아. 내가 카페에서 일하는 직원이라면, 저런 고객이 있으면 참 감사할 거 같아'라는 생각이 똑같이 들었다. 이후 나는 카페나 식당에 갈 때면 더욱 열심히 감사 인사를 한다. 그리고 카페나 식당에서 사람들이 주문하는 모습을 유심히 보게 되었다. 아직도 많은 사람이 반말로 주문을 한다거나, 어떠한 상황이 있었는지는 잘 모르지만 불친절한 어투로 주문을 하는 경우나 보기 거북한 행동을 여전히 보곤 한다. 그런 모습을 보면 참 불편하다.

사회적으로 지위가 높아 품격 있는 행동이 기대되는 사람 중에도 그런 모습들이 종종 보인다. 존경받는 대학 교수, 저명한 기업 CEO 등 사회적으로 꽤 높은 위치에 있고 참 많이 배우신 분들에게 이런 꼰대 모습이 종종 보인다. 안타깝다. 나이가 들고 직급이 올라가면 객관적인 피드백을 받을 일이 줄어든다. 당장 나만 해도, 이런 분들의 꼰대짓을 봐도 뭐라 드릴 말씀이 없다. 바로 이런 이유 때문에 꼰대가 되는 것이다. 내가 지금 누군가에게 잔소리를 듣고 있지 않는다 해서 내가 잘하고 있다고 착각하면 안 된다. 주변 사람들은 나를 포기한 것일지 모른다.

직업상 사회적으로 높은 인사들을 많이 만난다. 좋은 기억으로 남은 분은 이야기를 잘 듣고, 공감해 주는 분이었다. 우리 조직이나 주변은 어떤가. 혹시 위계나 갑을 관계로 일방적인 커뮤니케이선을 하고 있지는 않은가. 바로 꼰대의 모습으로 말이다.

과거 우리는 나보다 높은 사람이 내 이야기를 들어주지 않는 것을 크게 기분 나빠하지 않았다. 높은 분이 내 마음을 몰라준다고 해서 화가 나지도 않았고, 나를 알아 달라고 이야기해 본 적도 없다. 그래서 일까? 반대로 내가 갑의 위치, 혹은 선배의 위치가 되니, 나 또한 그들을 공감해야 한다는 생각을 하지 못한 건 아닌지 되돌아봐야 한다.

지위가 올라가고 리더가 되면 공감 능력을 상실하게 되는 데는 그만한 주변 상황도 있다. 아침에 출근해서 이메일이 여러 개 들어와 있다고 가정해 보자. 높은 분이 보낸 메일과 나보다 낮은 직급의 팀원이 보낸 메일이 있다면, 우리는 누구의 메일을 먼저 확인하고 답장을 보낼까? 물론 일은 중요도나 우선순위에 따라서 처리하도록 배웠지만, 우리에게 중요도는 직급도 한몫한다. 높은 분의 메일이 우리에겐 중요한 메일일 수 있고, 당장 확인하고 답신을 할 것이다.

지위에 따라 이메일 답장 속도에 어떠한 차이가 있는지에 대한 연구가 컬럼비아대학교 연구진에 의해 진행, 입증되었다. 이 연구진은 미국의 에너지 회사였던 엔론의 몰락 원인을 분석하기 위해 내부 데이터베이스에 있던 이메일을 통째로 분석한다. 엔론은

1985년에 창립된 회사로 승승장구하면서 무차별하게 회사를 인수하는 과정에서 자금이 부족했고, 장부를 조작해서 회사의 부실을 계속 속여서 발표했다. 결국 일련의 이유로 기업이 파산하며 몰락했는데, 이를 계기로 이메일을 분석하게 된 것이다. 그 결과 이메일 답장 속도로 조직의 서열을 파악할 수 있다는 가정은 매우 정확했던 것으로 입증됐다. 중요도에 의한 의사결정이 아닌, 높은 사람에 맞춰나가는 의사결정을 했다는 분석이다.

이 지점을 리더들이 조심해야 한다. 리더들이 위로 올라가면 갈수록 객관적인 피드백을 받기보다는 리더 위주의 조직문화와 상황이 펼쳐지니 공감 능력을 상실할 수밖에 없을지 모른다. 사람들이 리더나 임원에게는 솔직하게 이야기를 해주지 않으니 상황에 대한 객관적인 인지가 부족해지는 것이다. 그렇다 보니 대부분의 리더들은 '공감 결핍'을 겪을 위험성이 크다는 것이다. 단순히 메일에 답장을 쓰는 패턴만 봐도 많은 사람이 직급이 높은 사람을 위주로 행동을 하니, 상대적으로 공감할 필요성을 덜 느끼게 되었던 것이다. 그 순간 리더들에게 필요한 능력은 무엇이었을까? 주변 상황을 공감하고자 하는 노력을 기울였어야 했다.

CEO 코칭을 들어가면 내가 전달하는 내용에 대해서 공감을 하는 분도 계시지만, 전혀 들으려고 하지 않는 분들도 많다. 그분들이 하는 말은 보통 이렇다. "난 그런 소리 들어본 적 없는데", "난 그런 사람 아닌데", "나 안 그랬는데" 당연하다. 누가 감히 CEO에게 이렇다, 저렇다 이야기하겠는가? 조직 내부의 이야기를 전달할 방법이 없으니, 우리 같은 외부 전문가를 데려다 이야기를 전달하는 것인데 말이다. 그럼, 우리 스스로 가슴에 손을 얹고 고민해봐야 한다. 나는 어떠한가? 나는 공감 능력이 있는가? 다시 한번 생각해 보고, 주변 지인이나 가족들에게 객관적인 피드백을 요청해 보자.

결국 꼰대란 갑을 관계에서 존재하는 것이다. 따라서 상대적으로 직급이 높은 리더들에게 더욱 주의를 기울이라고 말하고 싶다. 리더를 꼭 CEO에 한해 생각하지 않길 바란다. 누군가의 리더 혹은 선배도 해당됨을 기억하라. 리더는 조직과 가정에서 영향력이 큰 사람들이다. 영향력이 큰 사람일수록 행동 하나하나가 조직 내에 큰 변화를 불러올 수 있다. 따라서 그들의 공감 능력이 그만큼 더욱 중요함을 강조하고 싶다.

권력과 오만,
공감 능력을 죽인다

나는 대학과 기업에서 20년 넘게 강의하고 있다. 어느 교육 대상자를 강의할 때 가장 어려울까? 연령대로만 본다면, 당연히 높을수록 강의가 어렵다. 연령대가 낮을수록 나의 강의를 받아들이는 반응이 더 열려 있는 듯하고, 연령대가 올라갈수록 덜 공감하는 느낌이다. 아는 게 많아져서 받아들여지지 않는 걸까? 생각이 굳어져서 내 강의에 공감하지 못하는 걸까? 아무튼 연령대가 올라갈수록 강의는 점점 어려워진다. 그렇다면 공감 능력의 연령별 차이라는 것이 있는 건지 생각해 볼 때다.

우리 주변을 한번 살펴보자. 나이가 어린 친구들과 좀 연령대가 있는 팀장님들을 비교하면, 나이가 드신 분일수록 공감 능력이 떨어지는 분들이 있다. 오해 없길 바란다. 이건 앞서 언급했듯이 나이가 들면서 공감을 담당하는 뇌의 기능이 노화되는 현상 중 하나이기 때문이다. 하지만 공감 능력과 나이가 꼭 비례하는 건 아니다. "저 친구는 나이도 어린데 왜 저렇게 공감 능력이 떨어져?"라는 말을 하기도 한다. 그 반대의 경우도 물론 있다. 이래서 꼰대는 나이 불문이라고 하는 것이다.

미국의 역사가 겸 소설가인 헨리 애덤스는 "권력은 인간의 공감 능력을 죽이는 종양의 일종"이라고 했다. 캐나다 맥매스터대학교 신경과학과의 수크빈더 오비 교수는 권력이 뇌에 미치는 영향에 대해서 실험을 진행했다. 권력자와 일반인의 뇌에 자기장을 공급해서 관찰했더니 서로 다른 반응을 하더라는 것이다. 권력자는 신경회로의 '미러링' 기능이 제 역할을 못 한다는 것을 발견했다. 미러링은 상대방의 행동을 보고 감정을 추측하는 능력이다. 바로 공감 능력이 제대로 작동하지 못하는 것이다.

재미있는 실험이 또 있다. 2006년 미국의 사회심리학자 애덤 갈린스키도 권력과 공감 능력에 관한 실험을 했는데, 참가자들을 두 그룹으로 나누어 한 그룹에게는 권력을 행사했던 경험을 떠올려 보도록 했고, 다른 한 그룹에는 명령을 받았던 경험을 떠올려 보도록 했다. 그런 다음 다른 사람이 볼 수 있도록 자신들의 이마에 영어 대문자 'E'를 써보도록 한 것이다. 실험 결과, 권력을 행사했던 경험을 떠올렸던 그룹이 다른 그룹에 비해 'E'를 제대로 쓰지 못한 경우가 세 배나 많았다. 다른 사람이 볼 수 있도록 쓰도록 했는데 본인 쪽에서 글자가 E로 보이도록 거꾸로 쓴 것이다. 간단한 실험인데 굉장히 신기한 결과가 나왔다. 권력을 가질수록 다른 사람의 관점을 이해하는 능력이 떨어진다는 게 이 실험의 결론이었다. 이제 내 주변 꼰대들의 행동이 이해되는가.

'오만 증후군'이라는 용어가 있다. 2009년 오웬과 조나단 데이비슨이 브레인 학술지에 게재한 논문에서 처음 사용된 용어다. 장기간 아무에게도 견제받지 않은 권력자에게 생기기 쉬운 장애를 말한다. 이 증후군이 드러내는 의학적 증상은 다음과 같다. 타인에 대한 노골적 경멸이나 지극히 낮은 수준의 현실감각 그리고 무모한 행동 등이다. 바로 현실을 공감하거나 상황을 객관적으로 판단하지 못하는 행동이다. 이 모두가 꼰대의 특징과 같다.

한 조직의 COP_{Community of Practice, 학습 공동체}에 초대받았다. 퇴근 후 관심 주제에 대해 자유롭게 모여 학습을 하는 모임으로 당시 주제가 나의 전공인 '일터 학습'과 관련된 것이라 같이 이야기 하고 싶다는 의뢰를 받아 함께 한 자리였다. 다양한 직급의 조직원 열 명 정도가 모였다. 그런데 그 모임에서 가장 나이와 직급이 높아 보이는 한 분이 한 직원에게 계속 농담을 던지는 것이다. 그 직원이 나에게 질문을 하나 하려고 하면 "넌 가만히 있어, 그냥 찌그러져 있어, 내가 너 좋아해서 그런 거 알지?" 아무도 그 상황에서 뭐라고 할 수 있는 사람이 없어 보였다. 심지어 다른 직원들도 킥킥거리며 웃기도 하고, 딱히 분위기가 나쁜 건 아니었지만 그 상황이 유쾌하지는 않았다. 아마도 본인은 분위기를 무겁지 않게, 재미있게 한다고 생각했는지 모르겠다. 그분은 직급이 높은 관계로 객관적인 피드백을 받아본 적이 없어 공감 능력이 많이 떨어지는 것 같았다. 권력은 이렇게 공감 능력을 죽이는 요인이 된다. 이러한 사실이 실험으로 입증된 것이다.

▼

자신의 오만함을 통제하라

12년 동안 펩시코의 CEO였던 인드라 누이 회장은 '가장 영향력 있는 여성 경제인 50인'에 수년간 이름을 올렸던 대표적인 여성 CEO다. 그는 자신의 오만함을 통제할 수 있어서 리더로 성장할 수 있었다고 늘 이야기했다. 인도인으로 미국에 유학을 가서 다양한 경력을 쌓았고, 2001년 펩시코의 임원이 된 후 어머니에게 자신의 승진 소식을 기쁘게 알렸다. 그런데 어머니는 그에게 우유 심부름을 시켰다고 한다. 글로벌 기업 임원이 된 자신에게 우유 심부름이라니, 화가 나서 짜증냈더니 어머니께서 "그 왕관은 차고에 놓고 와"라며 혼냈다는 에피소드가 아주 유명하다.

주변에서 보면, 부모가 자녀에게 '이 박사, 김 교수'라는 호칭을 사용하는 모습을 종종 본다. 부모 입장에서는 자식이 사회적으로 존경받는 타이틀을 갖고 있다는 사실이 기쁠 수 있다. 나는 이해되기도 한다. 나도 박사학위를 받고 아버지께서 너무 자랑스러운 나머지 고향 사람들, 동네 사람들 나눠줘야 한다며 '축 서울대학교 박사학위 취득' 문구가 들어간 기념 볼펜을 제작하라고 하셨다. 한참 웃고 말았다. 기념품 제작을 하지는 않았지만, 아버지 고향에서 친척과 마을 사람들 50여 분을 모셔 식사 대접을 크게 하셨단다. 주인공인 나도 없이 말이다. 인드라 누이 회장의 어머니는 사랑하는 딸이 이런 권력에 취해 오만함에 빠져 잘못된 마음가짐이나 행동을 하게 될까봐 걱정한 것이다.

영국에는 '오만학회'가 있다. 이 '오만'은 경영학계에선 비교적 새로운 주제다. 우리나라에서도 2018년 포브스코리아 주최로 '제1회 오만 포럼'이 개최된 적이 있다. 영국 서리 경영대학원 교수이자 오만 연구를 주도하고 있는 유진 새들러 스미스 교수는 "잘된 기업을 망치는 유일한 원인이 바로 오만"이라고 했다. 오만은 리더가 스스로 과대평가하고, 자신의 권력과 성공에 취해서 타인의 비판이나 충고를 무시하는 결과를 낳는다는 것이다. 이 권력을 가진 자가 오만에 빠지는 이유는 바로 '추종자의 찬사'다.

권력을 가진 자를 억제할 외적인 장치가 없기 때문에 오만에 빠지는 것이다. 그럼 리더가 되는 사람, 임원이 되는 사람, 권력이 생긴 사람들은 모두가 오만에 빠지게 되는 건가. 여기에는 생물학적 요인도 있다. 바로 '승리자의 효과'다. 이는 운동선수가 경기에서 이겼을 때 자신감이 급격히 상승하는 현상을 말한다. 경기에서 이긴 선수의 몸 안에는 테스토스테론이라는 남성호르몬이 많아진다. 암컷 쥐에게 테스토스테론을 주입하면 남성에게서 보이는 행동을 할 가능성이 크다는 실험 결과가 있다. 공격적일 수 있어서 덜 공감하는 행동, 예를 들어 아이 콘택트를 덜 하게 된다거나, 사용하는 어휘의 수가 한정적이거나 하는 행동들이 보인다는 것이다. 공감 능력은 성별의 차이가 있는 것으로 알려져 있는데, 바로 이 호르몬이 이유다. 따라서 권력을 가졌다는 사실로도 승리자의 효과가 나타날 수 있어 같은 원리가 적용된다.

오만을 연구하는 영국의 서리 경영대학원에서는 리더의 오만을 사전에 차단하기 위한 오만방지도구를 개발했다. 사소한 실수도 그냥 지나치지 않도록 전 직원에게 의무와 권리를 부여하는 것이다. 예를 들어 안전에 민감한 항공사와 병원의 경우 작은 실수가 눈에 보이면, 상급자의 결정에도 의문을 제기할 수 있다. 바로

HRO High Reliability Organization, '고신뢰조직'이라고 한다.* 몇 해 전 국내 몇몇 병원에서 'HRO 선포식'을 개최하는 모습을 기사로 접했다. HRO의 원칙을 도입하면 리더를 포함한 모든 조직원이 객관적인 피드백을 들을 수 있어서 조금 더 자신의 상황이나 주변의 상황을 수용하고 공감할 수 있게 된다.

조직에서 실시하는 동료 평가나 360도 다면평가 같은 것도 사실은 다 같은 맥락이다. 최근 한 기업에서 '리뷰 대상자와 다시 일하시겠습니까?'라는 인사 평가 내용이 공개되면서 사회적으로 논란이 되기도 했다. 전문가들은 이 질문에 대해 질문 자체에는 문제가 없다고 보는 의견이 대다수다. 해당 질문의 답변에 대해 공감하지 못하고 수정하려는 노력이 없는 게 문제다.

이 점을 두고 서울대학교 경력개발센터장 이찬 교수는 "거꾸로 생각하면 정말 같이 일하고 싶지 않을 정도의 직장 내 괴롭힘을 당한 사람이 있을 수도 있기 때문에 하소연할 채널이 정기적으로 있다는 것은 긍정적이며, 피평가자가 평가 결과를 수용하는 방법을 반드시 교육받을 수 있도록 해줘야 한다"고 했다. 누구나 자신에 대한 부정적인 평가 내용을 들으면 기분이 좋을 리 없다. 심적 충격도 만만치 않을 것이다. 많은 조직에서는 직접적으로 알려주

---

* 실수를 분석·예측해 사고에 대비하는 위험 관리시스템. 나사에서 처음 도입했다.

기보다는 참고용으로 면담 시 넌지시 알려주는 정도로 활용한다. 하지만 다양한 방법으로 본인이 객관적인 평가나 조언을 들을 수 있는 장치는 필요하다.

사실 나도 교육을 진행하고 매일같이 강의평가를 받는다. 꼭 들어가는 평가항목 중에 이와 비슷한 질문이 포함된다. "이 강의를 다른 동료에게 추천하시겠습니까?", "다시 수강하시겠습니까?" 등이다. 결과가 긍정적일 때는 괜찮지만, 부정적일 때는 속이 꽤 쓰리고 밤에 잠이 안 올 정도로 마음이 아프다. 그래도 나의 발전을 위해 받아들이려 노력한다. 최근에 만나게 되는 교육 담당자는 모두 나보다 어린 세대다. 나뿐만 아니라, 우리는 앞으로 계속 어린 세대들과 업무를 할 것이다. 우리 스스로가 꼰대 마인드를 갖고 있다면 "어린 친구들이 교육을 뭘 안다고. 내가 지금 몇 년 차인데. 나한테 이런 피드백을 하다니…" 이런 생각을 한다면 더는 나와 일하려고 하지 않을 것이다. 탈꼰대 마인드는 생존과 직결된 문제다.

권력이 있는 사람, 탁월한 스펙의 젊꼰, 성공 경험이 있는 사람이 모두 오만하고 공감 능력이 떨어진다고 단정 짓는 것은 아니다. 나치 대학살의 생존자이자 유대계 작가 엘리 비젤은 "인간이 궁극적으로 지향해야 할 유일한 힘은 자신을 다스리는 힘"이라 했다. 성숙한 인간은 자신을 다스릴 줄 알아야 한다. 자신을 다스리는 힘, 바로 오만을 통제하라는 말이다.

오만을 통제할 방법으로 하버드대학교 경영대학원 빌 조지 교수는 '직언모임True North Group'이 필요하다고 지적했다. 이 교수는 솔직한 피드백을 해줄 지인으로 이뤄진 비공식적인 모임을 만들어 정기적으로 접촉하길 당부한다. 나도 많은 지인에게 다양한 분야의 비공식 네트워크를 통해 본인의 오만을 통제할 장치를 두는 것을 추천한다. 자신의 오만함을 통제할 조력자를 두는 것은 공감 능력을 상실하지 않게 하는 좋은 방법일 수 있다. 나의 오만을 부추기는 사람들이 아니라, 나에게 직언을 할 수 있는 토홀더Toe holder, '발가락을 잡는 사람'이란 뜻의 조력자를 두라고 제안한다. 인드라 누이 회장은 어머니를 '토홀더'로 둔 것처럼 말이다. 처음에는 불편할 것이다. 그러나 언젠가는 토홀더에게 감사함을 표현할 날이 있을 것이다. 그만큼 내가 탈꼰대가 되었다는 방증이다.

5장

지금부터 꼰대 탈출

꼰대 탈출을 위한
재사회화

　인간은 사회적 동물이다. 우리는 다른 사람과 더불어 살면서 사회적 존재로 성장해 간다. '이번 프로젝트를 하면서 많은 걸 배웠어'라고 느낄 때는 업무에 대한 배움만을 의미하지 않는다. 사람과의 관계, 리더십, 감정 조절하는 법 등 다양한 면에 있어서 학습하며 성장한다. 모든 일상이 일종의 사회화 과정이다. 2012년에 개봉한 배우 송중기, 박보영 주연의 〈늑대소년〉이라는 영화는 사회화되지 않은 한 인간의 예를 보여준다.

　실제 늑대인간에 대한 사례는 굉장히 많다. 2009년에도 러시아에서 개들에 의해 양육된 6세 아이가 발견됐다. 이 아이의 경우

할머니와 생활해 왔는데, 집 뒷마당에 있는 개에 의해서 길러졌다. 발견 당시에 말도 못 하고, 음식도 사람처럼 먹지 못했다. 제대로 된 사회화 교육이 이루어지지 않은 것인데, 발견 당시 지적 능력은 한 살 반 정도였다고 한다. 태어나면서부터 사회화 과정을 전혀 경험하지 못했기 때문에 인간이 아닌 동물에 가까운 행동을 보인 것이다.

사회화 과정은 탈사회화, 예기사회화, 재사회화 과정이 있다. 탈사회화란 새로운 사회에 적응하기 위해서 기존에 학습했던 것을 버리는 과정이다. 예기사회화는 초등학교에 입학하기 전에 유치원에서 먼저 사회생활을 경험하는 과정이나 취업하기 전에 대학 시절에 인턴을 경험하는 과정을 의미한다. 그리고 재사회화란 사회가 발전하면서 사회에 적응하기 위해 지속적으로 학습해 나가는 과정이다. 스마트폰이나 인터넷 사용법을 배운다거나, 새로운 사회 규범을 익히는 것을 말한다. 예를 들면 예전에는 흡연에 대해 우리 사회가 굉장히 관대했지만, 지금은 정해진 장소 외에는 담배를 피울 수 없다. 특히 이동하면서나 버스정류장 근처 등 공공장소에서 흡연하는 모습을 보면 눈살을 찌푸리게 된다. 이런 사회 변화에 적응해 가는 것이 사회화 과정이다.

그렇다면 공무원들이 친절교육을 받는다거나, 친절도를 평가하도록 하는 것 또는 내부 승진에 면접을 활용하는 것 등도 바로 '사회화 과정'이라 할 수 있다. 시대가 변화함에 따라 갖추어야 할 역량의 확대로 봐야 한다. '탈꼰대' 또한 사회화 과정이다. 탈꼰대를 위해 기존에 가졌던 생각을 버리는 탈사회화, 변화하고자 준비하는 예기사회화, 새로운 행동을 시도하는 재사회화 과정을 거쳐야 한다. 빠르게 변화하는 사회에서 행복하게 살아남기 위해서 말이다. 어떻게? 바로 탈꼰대 감성으로 말이다.

탈꼰대가 되기 위한 마인드는 이미 갖췄을 것이라 생각한다. 그럼 탈사회화 과정은 마쳤다. 예기사회화 과정은 변화의 준비 단계다. 탈꼰대 감성으로 상대방의 입장이 돼서 그 사람의 느낌이나 생각이 같다고 느껴보는 것이다.

여기에 한 가지를 추가하면, 느낌뿐 아니라 행동도 함께 하는 것이다. 생활에서 적용해 보면 이렇다. 집 앞을 지나가는데 더운 여름날 택배 기사님이 땀을 뻘뻘 흘리면서 배달하고 있다고 상상해 보자. '아 힘드시겠다'라는 생각만 할 것이 아니라, 직접 표현할 수도 있다. "힘드시죠? 고생이 많으세요", "얼음물 한 잔 드시고 가세요" 등 감사의 말이나 물 한 잔을 건네는 것은 또 다른 문제라는 것이다. 어느 아파트 단지에서 택배 기사를 위해서 얼음물을 준비해 두었다는 기사를 본 일이 있다. 반대로 음식 배달 기사님에겐 냄새를 이유로 화물 엘리베이터를 이용하게 했다는 기사도 봤다. 사회화 과정의 이면이라 볼 수 있는 대목이다.

심리학자이자《뉴욕타임즈》과학전문기자인 대니얼 골먼은 EQ(감성지능)에 관한 칼럼을 많이 쓴 것으로 유명하다. 사회화 과정과 비슷한 맥락을 공감의 과정으로 정리하고 있다. 첫 번째 단계는 인지적cognitive 공감 단계, 두 번째는 감성적Emotional 공감 단계, 세 번째는 감정이입적Empathic Concern 공감 단계다.

첫 번째 인지적 공감 단계는 다른 사람들의 세계관을 이해하는 단계다. '일을 열심히 하는 모습'은 사람마다 다르다. 누군가는 깨끗하게 정리된 책상에 바른 자세로 오랜 시간 앉아 있는 모습이 열심히 하는 것일 수 있지만, 카페에서 대화를 나누며 자유스러운 분위기에서 일하는 모습도 열심히 일하는 것이다. 탈꼰대의 기본은 나와 다른 사람을 이해하는 것이다. 나와 다른 상황에 있는 사람에 대해서 윤리, 도덕적으로 잘못된 부분이 아니라면 모든 생각과 행동에 대해서 이해하도록 노력해야 한다. 이해하지 못하는 부분에 대해서는 대화를 나눠가며 노력하는 모습이라도 보여야 한다. '옛날에도 보면 꼭 공부 못하는 애들이 도서관 안 가고 카페에서 공부하더라고. 시끄러워서 제대로 공부나 되겠니?' 이런 생각을 한다면 시대에 뒤떨어진 꼰대라는 이야기를 듣기 십상이다. 최근 카페는 1인 이용객을 위해 칸막이 설치와 업무공간 같은 분위기를 낸 곳이 많다. 나도 작업을 하기 위해 카페를 많이 찾는 편인데, 비슷한 시간에 카페에서 공부를 하거나 업무를 보는 사람을 많이 볼 수 있다. 적어도 '백수인가?' 이런 생각은 들지 않는다. 긱 경제 시대에 능력 있는 프리랜서거나 재택근무 중인데 사정이 생겨 카페에서 업무 중일 것이라는 생각이 든다. 자연스러운 사회 흐름이라고 본다.

두 번째는 감성적 공감 단계다. 다른 사람들의 기쁨과 슬픔을 함께 느끼며 즉시 반응할 수 있다. "요즘 애들 공부시키는 게 만만치 않아요. 애가 크니까 더 힘드네요." "우리 때도 다 똑같았어. 그래도 다 알아서 커." 아마도 꼰대의 입장에서는 '위로' 섞인 말이었을지 모른다. 그런데 위로가 하나도 안 된다. '그 때랑 지금이랑 같아? 잘 알지도 못하면서' 이런 생각만 든다.

적어도 "그렇지? 요즘 뉴스 보니까 많이 힘들 것 같더라고. 뭐가 제일 힘들어요?" 정도로 상대의 감정을 함께 느끼도록 노력해야 한다. 여기서 "나 때는"이라는 경험담을 이야기하면 그건 영락없는 꼰대다. 상대의 이야기에 초점을 맞춰 대화를 나눠야 한다. 상대는 나의 이야기를 듣고 싶은 게 아니다. 본인의 힘듦을 공감받고 싶을 뿐이다. 시대가 달라져서 다른 사람의 경험담을 들어봐야 도움되지 않는다. 어린이집을 보내는 방법부터 대학입시 전형까지 해마다 계속 달라지는 게 우리나라 교육 실정이다. 몇 년 전에 자녀를 명문대에 보냈다고 한들, 전혀 도움이 안 될 수도 있다. 그사이 대입 전형이 또 달라졌을 테니 말이다.

세 번째는 감정이입적 관심 단계다. 말 그대로 직접적으로 표현하는 단계인데 상대가 필요한 것이 무엇인지를 미리 알고 관심과 직접적인 도움을 줄 수 있다. 감정의 공감뿐 아니라, 행동으로 이어지는 직접적인 도움이야말로 우리가 추구해야 할 탈꼰대의 행동 전략이다. 단, 주의할 점이 있다면 그 도움은 상대의 입장이어야 한다. 만약 어떤 도움이 필요한지 잘 모르겠다면 직접 물어보자. 내 입장만 생각해서 "이렇게 해 주면 상대가 좋아하겠지?"라는 것은 어쩌면 상대에게 더욱 큰 불편함을 줄 수 있다.

▼

공감훈련을 통한 재사회화

늑대소년처럼 사회화 과정을 경험하지 못한 경우는 아마 극히 드물 것이다. 그러나 우리도 다양한 이유로 바람직한 사회화 과정을 경험하지 못했을 수 있다. 또는 다양한 이유로 공감 능력이 높지 않을 수도 있다. 그렇다면 탈꼰대를 위해 어떠한 방법으로든 재사회화해야 한다.

가장 쉽게 적용할 수 있는 방법으로 '공감 훈련법'을 추천한다. 상대방의 표정을 따라 해보는 것과 밝은 표정을 짓도록 노력해 보는 것이다. 말하는 사람의 표정을 따라 하면서 이야기를 들어보

자. 상대의 표정을 따라 하기 위해 상대에게 더욱 관심을 기울이게 되고, 말하는 사람의 감정 상태를 훨씬 더 잘 느낄 수 있게 된다. 이야기하는 사람은 몰입 중이고, 내용에 따라 표정도 달라질 것이다. 매 순간 상대의 표정을 따라 하면 더욱 공감이 쉬워진다. 앞서 언급한 거울 뉴런 때문이다.

공감을 잘 하지 못하는 사람들의 공통점은 바로 얼굴에 표정이 없는 것이다. 상대방의 이야기에 공감을 잘 하지 못하니, 표정의 변화도 없다. 이런 사람들은 자신의 감정도 잘 파악하지 못하고, 상대방의 감정도 잘 파악하지 못한다. 만약에 표정 따라하기가 어렵다면 긍정적이고 밝은 표정이라도 짓도록 노력하자. 긍정 정서가 유발되어 적극적인 듣기가 가능해진다. 밝은 표정을 짓는 것만으로도 공감 능력에 도움이 된다는 것을 기억하라.

기분을 좋게 만드는 방법 중 '웃음치료'를 들어본 적이 있을 것이다. 병원에서 주로 환자를 대상으로 진행되는 교육이다. 얼굴 근육이 감정에 관여하는 뇌와 직접 연결되어 있다는 것은 이미 많은 연구에 의해 밝혀졌다. 우울할 수 있는 환자에게 웃음으로 긍정의 감정을 전달하기 위한 목적이다. 행복해서 웃는 것이 아니라, 웃어서 행복할 수 있게 돕는 것이다. 웃음과 관련된 근육이 수축되기만 해도, 뇌는 우리가 웃는다고 판단하고는 긍정적 정서와 관련된 도파민을 분비한다.

꼰대라는 단어가 불편한가. 미국에도 선배가 잔소리를 많이 하면 "그만해"라는 의미로 "OK, Boomer"라는 표현을 쓴다. 베이비 부머 세대나 주로 나이가 많은 사람들에게서 나오는 행동이라는 뜻이다. 우리나라 표현대로라면 꼰대 같은 행동이 보이면 사용하는 단어라는데, 이 앞에는 꼭 "OK"라는 말이 들어가야 느낌이 산다고 한다. "그래, 당신은 꼰대니까."

어느 문화권이든 이런 표현이 있는 것을 보면 상대에게 불편함을 주는 행동이 분명 있다. 사회가 이런 단어까지 만들어가며 불편한 사람들에 대해 정의를 하는 것을 보면, 기성세대는 물론 젊꼰들도 스스로 '부머' 혹은 '꼰대'가 되지 않도록 노력해야 한다. 오죽하면 책에서 '재사회화'라는 말까지 사용했겠는가. 한 단계씩 밟아가면서 실천해 봐야 할 것이다.

농담하지
말 것

한 은행의 지점장들을 대상으로 '세대차이'와 관련하여 교육을 진행한 적이 있었다. 한창 워라밸이 화두였던 시기였고 정시퇴근 문화와 더불어 건강한 조직문화에 대해 다루었다. 본사 건물에서 진행된 교육을 오후 6시에 마치고 엘리베이터를 타러 나가는데 한 지점장이 나를 배웅해 줬다. 그런데 야속하게도 서질 않고 모두 패스해 버리는 것이었다. "퇴근시간이라 그런 것 같네요." 그런데 내가 놀란 건 지점장의 이어지는 말이다. "이제 6시인데요?" 6시는 퇴근시간이다. 지금 막 워라밸에 대해서 열과 성을 다해서 강의하고 나온 참이었다. 6시에 퇴근하는 건 당연한 일이라고, 6시에 퇴근하기 위해 일을 효율적으로 집중해야 한다고 강조에 강조를 거듭했다. 야근을 전제로 일을 하는 건 능력이 없는 사람의 효율적이지 못한 업무의 형태라는 것도 덧붙이면서. 아침에 출근해서 커피 한 잔하고, 동료와 몇 마디 나누고, 회의하고, 의미 없는 보고를 하고, 정작 일하는 시간은 다섯 시간 남짓이라는 연구 보고에 대해서도 이야기했다.

"지점장님, 원래 퇴근시간이 6시예요." 이제는 알아들은 것 같았다. "아, 맞다 맞아. 맞습니다. 역시 아직 나는 꼰대야." 그러는 순간, 엘리베이터 문이 열렸다. 그런데 역시나 만원이었고 내가 타기에는 조금 무리일 것 같았다. 그런데 갑자기 나서서 한 말씀 하신다. "야, 강사님 타셔야 하니까 한 명 내려. 하하하." 난 알고 있다. 이 지점장님의 농담이라는 것을. 하지만 엘리베이터에 타고 있던 이들에게는 아재 개그, 그저 꼰대라는 생각뿐이었을 것이다. 그런데 더 재미있었던 사실은 아무도 안 내렸다는 거다. "지점장님 괜찮아요. 그냥 제가 기다렸다가 가면 돼요. 저 안 바빠요"라며 다음 엘리베이터를 타고 내려왔는데, 기다리는 5분 남짓 사이에도 계속 꼰대 마인드를 표출한다. "요즘 애들은 우리 때랑 달라. 나 같으면 얼른 내렸을 텐데, 강사님 죄송합니다. 최근에 임원 전용 엘리베이터를 없애서 그래요." 나는 그냥 아무 대꾸도 하지 않았다.

농담하고 나서 상대의 반응이 싸늘하면 더는 하지 말아야 한다. 내가 아무런 대꾸를 하지 않았음에도 상황을 공감하지 못하는 듯 했다. 꼰대는 공감 능력이 떨어져서 상대의 반응을 읽지 못한다는 것이다. 하이브리드 시대가 되면서 비대면으로 소통을 하게 되는 경우가 점점 많아지고 있다. IT 기기를 적극 활용해서 소통한다면 더욱 문제될 수 있다. 대면 상황이 아니니 내가 한 말에 대해 상대의 반응을 즉각적으로 알아채기가 쉽지 않다. 텍스트로 소통하면서 맥락을 명확하게 전달할 수 없어 오해가 생길 수도 있다. 더군다나 신세대 젊꼰의 경우 합리적인 업무 처리를 위해 더욱 소통을 짧게 하게 되면서 동료 간의 라포가 충분하지 않을 가능성도 크다. 이런 경우에는 더욱 농담에 주의해야 한다. 무미건조할 수 있겠지만, 농담을 하지 않길 조언한다. 상대에게 관심을 갖는 질문을 하고, 상대의 이야기를 들어주고, 나의 이야기를 살짝 곁들이는 정도만으로도 우리는 풍성하고 행복한 소통이 가능하다. 굳이 유머러스한 사람이 되고자, 웃음코드를 하나라도 잡으려고 애써가며 농담할 필요 없다.

예전에는 《유머집》이라는 책들이 유행했던 시절이 있었다. "우스갯소리 하나 해드릴까요?"라면서 농담을 책으로 배워서 하나씩 풀던 사람도 있었다. 한 기자에게 전해 들은 이야기다. 아주 유명한 강사를 인터뷰하러 그분의 사무실에 방문했는데, 책장을 배경으로 인터뷰 사진을 찍고 확인해 보니 유머집 시리즈가 쫘르륵 있었단다. 그걸 보면서 명강사에게 괜히 실망했다는 이야기였다. 농담이 꼭 나쁘다는 이야기는 아니다. 아카데미 수상소감을 말하던 배우 윤여정의 뼈 있는 농담이 왜 이슈였는지 기억할 것이다. 농담은 책으로 배울 수 있는 것이 아니다.

Z세대 아들은 유독 나에게 잔소리가 많다. "엄마, 이런 말 하지 말아요.", "엄마, 그런 행동은 별로예요." 내가 생각하는 기준과 MZ세대가 생각하는 기준이 모든 게 다르다. 그런 이야기를 들을 때마다 뜨끔뜨끔하다. 내가 하는 농담이 어린 세대에게는 농담이 아니라 그냥 꼰대질이다. 사전적 의미로 실없이 놀리는 말인 농담은, 누군가에게는 막말이 될 수도 있음을 기억하자. '농담 금지'라고 기억해도 좋다. 아름다운 말만 하기에도 인생은 길지 않다.

트렌디함을
갖춰라

교육을 다니면서 교육생과 강사로 만나 좋은 인연을 이어가는 경우가 종종 있다. 어느 대기업 팀장 교육이었다. 이런 교육은 사실상 여성 교육생이 많지 않아 눈에 띄기 마련인데, 이날은 딱 한 명의 여성 팀장이 참석했다. 자기관리가 철저해 보였고, 누가 봐도 매력적이었다. 누가 먼저인지 모르게 대화를 시작한 것 같은데 "팀장님 너무 멋지세요." "강사님 옷은 어디서 해 입으세요?" 이런 대화로 매 쉬는 시간을 즐겁게 보냈다. 나이는 나보다 여섯 살 위 언니인데, 젊어 보이고 고급스럽고 여유 있는 인상에 카리스마 있는 말투까지, 정말 매력적인 여성 선배였다. 명함을 주고받았고,

개인적으로 연락하기로 약속했다.

그 이후로도 몇 번 만났는데 의류회사 팀장답게 늘 센스있는 차림새와 외모를 유지했다. 보기 좋았다. "어떻게 늘 아름다우세요?"라는 말에 "젊은 친구들 보면서 많이 배워요." 하면서 옷 입는 팁을 알려주기도 한다. 외모가 경쟁력이라는 말은 예전부터 있었지만, 미모를 의미하는 게 아님을 잘 알 것이다. 철저한 자기관리와 트렌디함이었다. 특히 이분은 의류 회사에 재직하는 이유도 있지만, 젊은 후배에게 트렌드에 대해 많이 배운다고 했다. "내가 후배들한테 많이 배워요"라고 하는 그 모습에 진정성이 느껴졌다. 직장생활을 하면서 젊은 직원들과 늘 함께 업무를 하지만, 누구나 다 젊은 직원들에게 무언가를 배우는 것은 아니기 때문이다.

지인 중에 외국계 은행에 오래 근무하다가 퇴직 후 화장품 스타트업에서 마케팅 업무를 담당하는 이사님 한 분이 있다. 알다시피 최근 마케팅은 주로 SNS를 이용한다. 언젠가 식사 모임 중 SNS를 활용하여 어떤 식으로 마케팅을 하는지를 보여주는데, 내가 모르는 세상이었다. 기성세대들은 원래 본인들이 사용하던 화장품 브랜드가 있기 마련이라 새롭게 화장품을 구매하는 MZ세대 고객들을 잡기 위해 노력 중이라며 입소문이 판매에 중요하다는 것이다.

MZ세대는 이전 세대에 비해 부모세대와 관계가 긍정적이라는 연구 결과가 있다.* 베이비부머나 X세대 부모는 물건을 구매할 때 MZ세대 자녀의 의견을 많이 물어본다. MZ세대 자녀들의 정보력 때문이다. 따라서 MZ세대는 최고의 고객이 됐다. 그들과 소통을 하기 위해서 SNS는 필수다. "어쩜 이렇게 잘하세요? 어떻게 배우셨어요?" "젊은 애들도 나 못 따라와요." 마케팅 임원인 본인이 직접 하지 않아도 될지 모른다. 직원들에게 지시만 내려도 될지 모른다. 그런데 다른 회사들의 SNS 마케팅 사례를 보면서 무수히 많은 공부를 했다고 한다.

나는 최근 '와인' 강의 콘텐츠 제작 의뢰를 받았다. 코로나19 이후 '홈술족'이 늘어남과 동시에 와인의 진입장벽이 낮아진 덕에 매출이 크게 증가했고 때문에 많은 사람이 와인에 관심을 가지게 됐다. 와인 전문가는 아니지만, 비전문가가 쉽게 와인을 선택할 수 있는 측면에서 소개할 수 있을 것 같아 강의를 수락했다. '와인을 마시는 데 전문가일 필요가 있을까, 즐기면 되지 않을까'라는 생각에서 말이다. 와인 공부를 시작하려는 생각에 무척 설렌다. 나는 술을 좋아하지는 않지만 마치 젊은 세대들의 트렌드인 홈술족을 따라가는 양 그저 즐겁기만 하다.

---

* 최인수, 윤덕환, 채선애, 송으뜸, 《2021 트렌드 모니터》, 시크릿하우스, 2021.

대기업 임원으로 있는 나의 사촌오빠가 MBA로 유학 중일 때, 여행할 겸 방문한 적이 있었다. 식사를 마치고 "커피 마실래? 어떤 커피 좋아하니?" 묻더니, 커피를 직접 갈아서 내려주는 게 아닌가. 그제서야 집을 둘러보니 꽤 다양한 종류의 커피가 있었다. 고급스러운 커피 취향을 갖추고 있는 모습에 조금 놀라기도 했다. 대기업 임원 정도라면 멋이나 유행에는 아무 관심도 없이 일에 찌들어 있을 거라고 생각했기 때문이다.

임원 교육 프로그램 중에 교양 과목으로 와인, 커피, 건강, 클래식, 경제 등이 설계된 경우가 많다. 뿐만 아니라 베스트셀러 저자 강연이나 트렌드 키워드를 뽑아서 교육하는 경우도 빈번하다. 이 모든 내용이 '트렌디함을 갖추기' 위해서다. 어디 가서 꼰대 소리 듣지 않게 하려는 것이다. 앞서서 요즘 세대는 '늙꼰보다 젊꼰이 더 싫다'는 이야기를 언급했다. 이 부분과 연결된다. 늙꼰은 오히려 많은 교육을 통해 트렌디함을 갖추려 노력하는지 모른다. 트렌디함은 사실 배운다고 되는 것은 아니지만, 다양한 경로를 통해 접할 기회를 만든다면 나도 모르는 사이에 새로움을 받아들이는 데 관대함을 가진 사람이 될 것이다.

젊꼰의 경우도 기억할 점이 있다. 아직 젊다는 이유로 본인의 일에만 집중을 하는 경우를 많이 본다. 본인이 젊다고 충분히 트렌디하다고 생각한다. 따라서 본인의 관심사가 아니라면 다양한 분야의 트렌디함을 오히려 접하기 힘들지도 모른다. 하이브리드 시대가 되면서 소통이 굉장히 제한적이다. 친한 사람들과 선택적으로 소통을 하고, SNS도 역시 선택적으로 소통한다. 설계된 알고리즘으로 나와 비슷한 사람만 추천되어 인간관계가 만들어진다. TV나 유튜브 같은 방송 매체도 선택적으로 취하게 되어 있다. 그렇다면 트렌디함도 굉장히 한정적일 수 있다. 트렌디함이란 꼭 젊은 코드를 의미하는 것이 아니라, 어느 세대이건 새로 출현한 모든 것을 의미한다.

《이상한 나라의 앨리스》 동화의 속편 《거울나라의 앨리스》에는 달리기를 멈추지 않는 붉은 여왕이 등장한다. 앨리스가 잡을 수 없을 정도다. 이 여왕은 "세상이 너무 빠르게 변해서 현상유지를 하려면 이렇게 빨리 달릴 수밖에 없다"고 말한다. 이를 '붉은 여왕 효과Red Queen Effect'라고 한다. 우리는 익숙한 것을 좋아한다. 그러나 익숙함을 유지하기 위해서라도 빠르게 달려야 한다. 변함없다는 말이 이제는 더 이상 칭찬도 아닐 뿐더러 변함없는 것을 지켜내는 것도 쉽지 않은 시대임을 기억하자. 그만큼 시대의 변화가 빠르고, 그 시대를 따라가지 못하면 바로 꼰대의 길로 들어서게 되기 때문이다.

트렌디함을 유지하기 위해서 다양한 방법으로 시간과 노력을 투자해야 한다. 어렵지 않다. 새로운 드라마를 보는 것, 새로운 기계에 관심갖는 것, 새로운 친구를 사귀는 것, 새로운 곳을 방문하는 것, 이 모두가 트렌디함을 갖추기 위한 방법이 된다. 핸드 드립 커피가 우리나라에 한창 유행하던 무렵 나는 커피를 배우러 다닌 기억이 있다. 커피를 좋아하기도 하지만, 사실 어디 가서 아는 척도 좀 해 보고 싶은 생각도 있었다. 이 모든 노력들이 트렌디함을 갖추려는 노력이라 할 수 있다.

더 중요한 건 얼마나 실천하느냐에 달려 있다. 알고는 있지만, 귀찮은 나머지 새로운 기계를 사용하지 않는다거나, 귀찮은 나머지 새로운 곳을 방문하기를 꺼려한다면 나는 바로 꼰대 인증이다.

새로운 업무 방법을 이해하고 인정하는 법, 하이브리드 시대의 긱 경제

《나는 아마존에서 미래를 다녔다》의 저자인 박정준 작가와 아마존의 조직문화에 대해 이야기나눈 적이 있었다. 아마존의 경우, 아주 오래전부터 하이브리드 근무를 실시했다고 한다. 사실 하이브리드 근무라는 말이 생기기 이전 일이니, 출퇴근이 자유로운 문화였다고 보면 될 것 같다. 이를테면, 어떤 직원이 일찍 퇴근하는 이유가 "나 오늘 택배 받으러 가야 해요", "오늘 우리 아들이랑 뮤지컬 보러 가야 해요" 등이라는 것이다. 만약 내가 저런 개인적인 일로 반차를 써야 했다면 거짓말을 했을 지도 모를 정도로 사소하고 개인적인 사유다. 지금은 정서가 많이 달라졌지만, 워킹맘 입장에서 "아들이랑 뮤지컬 보러 가야 해요" 같은 이유는 전문성 없어 보이는 것 같기도 해서 내가 아이를 키우던 시절에는 가능하지 않았을 것 같다.

아마존은 휴가나 반차의 개념도 없고, 정해진 출퇴근 시간도 따로 없고, 회식이니 뭐니 하는 단체 행사도 없다고 한다. 심지어 정해진 점심시간도 없고, 동료와 함께 식사하는 문화도 없다고 한다. 물론 코로나19 이후 우리나라 조직들도 칸막이 식탁에서 따로 식사하고, 회식도 대폭 줄어들긴 했지만, 아마존은 이전부터 그런 문화였다는 것이다.

내 지인은 미국 변호사로 미국 로펌과 국제기구에서 일해 온 경험이 있다. 10년 가까이 뉴욕에서 일하고 있지만, 동료와 식사를 해 본 경험이 열 번도 안 된다고 한다. 미국이라는 지역적인 특수성 때문일까, 서부 지역에 있는 이해관계자와 회의를 할라치면 시차가 몇 시간씩 나니, 우리나라처럼 점심시간을 피해서 회의를 잡는 문화가 애당초 가능하지 않다는 것이다. 로펌의 경우는 프로페셔널과 비非 프로페셔널로 나뉘는데, 프로페셔널 변호사의 경우는 본인에게 주어진 일의 결과가 중요하지, 일을 몇 시간했는지, 얼마나 열심히 했는지 업무 태도는 전혀 중요하지 않다고 한다. 내가 지금 수행해야 하는 업무가 너무 많은데, 동료들과 함께 식사하고 커피를 마시며 수다를 떨려고 내 소중한 점심 한 시간을 내

어줄 만큼의 시간적, 심적 여유가 없다는 것이다.

직장생활을 할 때, 정시퇴근을 하고 싶은 생각에 점심식사를 최대한 빨리 했던 기억이 있다. 빨리 식사하려면 메뉴 고민을 하지 않아도 되는 가까운 백반집이 딱이다. 커피는 책상에서 업무를 하면서 마시면 된다. 동료들과 카페에 앉아서 여유 있게 마시는 건 가능하지 않았다. 사실 20분이면 주변 백반집에서 밥을 해결할 수 있었으니, 12시 반이면 커피 한 잔 사서 책상에 앉게 된다. 그런데 옆 동료가 했던 말이 기억난다. "1시까지는 일하지 마세요." 나는 이 동료의 이야기가 충분히 이해된다. 우리 문화는 점심시간에 밥을 안 먹고 일해봐야 인정받지 못한다. 직원들과 대화를 나누지 않는다고 혹은 카페에 다른 팀원들이 모여 있는데 나 혼자 일한다고 단체행동에서 빠지는 모양새를 더 안 좋게 보는 게 우리네 정서다. 물론 점심시간까지 아껴가며 일을 하라고 이야기하는 건 아니다. 서로 다른 업무의 방법을 인정하라는 의미다.

하이브리드 시대가 되면서 재택근무와 사무실 근무 또는 거점근무 등으로 근무 시간이나 스타일이 굉장히 다양해졌다. 이러한 근무 형태는 앞으로 더욱 많아질 것으로 예상한다. 몇 시에 출근했는지, 몇 시에 퇴근했는지 눈에 보이지 않으니 선배나 고용주 입장에서는 의심갈 수밖에 없다. 재택근무 중인 후배와 잠시 짬을 내 외부에서 점심식사를 한 적이 있었다. 계속 안절부절하는 모습에 이유를 물었더니 정해진 한 시간만 외출이 가능하다는 것이다. 정해진 시간이 조금 넘자 후배가 노트북을 켠다. 업무 시간에는 사내용 메신저에 반드시 접속해야 하는 게 재택근무 원칙이라고 한다. 그런 후 바로 팀장으로부터 전화가 울리는데, 내 가슴이 철렁했다. "미안해. 내가 오늘 밥을 먹자고 하는 게 아니었어." 분명 사회 분위기로는 재택근무 경험 후 심리적 편안함을 느끼는 경우가 절반이 넘는다는데, 이 후배를 보고 의문이 들었다.

최근 한 대기업에서 팀장급 대상으로 여러 차수의 교육 의뢰가 들어왔다. 교육 과정명은 '비대면 리더십'이다. 팀장이 팀원과 대면하지 못해서 리더십을 발휘가 힘들다는 것이다. 팀원과 얼굴을 보며 밥을 한 끼 먹어야 리더십이 발휘되는데, 그 기회가 없으니 답답하고 동료들끼리도 만나지 못하니 스트레스가 이만저만이 아니라고 호소한다. 왜 우리는 대면을 해야 업무가 원활하게 되고, 리더십이 발휘된다고 생각하는 걸까.

아마존의 경우 모두가 출퇴근 시간이 다르지만, 업무를 진행하거나 회의를 진행할 때 전혀 불편함이 없다고 한다. 모든 직원이 본인의 근무 일정을 공유하고, 모두가 출근하기로 약속한 시간에 회의 일정을 잡아 회의를 진행하고, 이때 업무 진행상황을 서로에게 공유한다. 오후에 일찍 퇴근하는 일은 굳이 숨길 필요 없이 미리 모두에게 공유하면 된다. 이 일정을 피해 회의도 잡고 소통도 하면 된다. 반차 한 번 사용하려면 여러 가지 상황을 봐가며 눈치 보는 우리와는 많이 다르다. 이렇게 되면, 꼭 필요한 회의만 하게 되고, 더욱 효율적으로 진행될 가능성이 크다. 사실 가끔 만나도 투명하게 소통이 된다면 업무에 크게 지장을 주지 않을 것이다. 각자 맡은 일을 열심히만 해주면 된다. 어떤 방법으로 하든 말이다.

꼰대가 되지 않기 위해서는 새롭게 등장하는 업무 방법에 대해 이해하고 인정해야 한다. 최근 논의되고 있는 하이브리드 근무는 새로운 세대의 등장 혹은 코로나19로 나타난 업무 방식이 아니다. 글로벌 기업에서 효율적인 방법으로 인정받아 사용하던 것이다. 새로운 세대의 출현으로 달라졌다고 오해하기보다는 조금 더 효율적인 방법임을 인정해야 한다. 꼰대 마인드가 아닌, 오픈 마인드로 말이다.

일본의 경우는 재택근무 비율이 20퍼센트 선으로, 팬데믹 상황임을 감안할 때 상당히 낮은 편이다. 한 직장인이 《포춘》과의 인터뷰에서 꼰대 상사가 줌 같은 새로운 프로그램을 받아들이지 못한다고 말한 바 있다. 재택근무를 하게 되면 무능력한 본인들의 능력이 들통날 것이라는 두려움에 확산을 가로막는 것인데, 이를 전문가들은 '프리젠티즘Presenteeism'이라고 한다. 일종의 '출근 중독'이라는 뜻으로, 출근을 해야 일을 하는 것 같은 생각이 들지만, 막상 해도 생산성이 크게 오르지 않는 화이트칼라 직장인을 의미한다. 글렌 후쿠시마 전 일본상공회의소 회장은 사람을 직접 보고 일하는 것을 중시하는 이런 문화는 특히 창업한 지 오래된 회사나 중소기업을 중심으로 널리 퍼져 있다고 했다. 그런데 일본 기업의 99.7퍼센트가 이런 기업이라고 한다. 변화를 받아들이지 못하는 꼰대 상사, 꼰대 기업이라는 느낌이 들 것이다.

그런데 우리가 지금 남 걱정할 때가 아니다. 타산지석으로 삼자는 것이다. 우리도 한때는 "한 번 뵙고 말씀드리겠습니다", "직접 와서 보고하세요"가 당연한 적이 있었다. 이제는 그런 꼰대가 없으리라 믿는다. 유니레버 CEO 앨런 조프는 "내가 일하면서 자는 건지sleeping at work, 집에서 일하는 건지work from home 잘 모르겠다. 과거에는 조직 차원에서 볼 때 온라인이나 오프라인 환경 한쪽에서만 일을 잘하면 됐지만, 지금은 온·오프라인 등 모든 방면에서 일을 잘하는 조직이 필요하다"고 말했다.

온라인 부동산 플랫폼 기업 직방은 2021년 하반기 채용에서 메타버스 플랫폼을 개발해 가상공간으로 사무실을 전환할 예정이라고 발표한 바 있다. 메타(전 페이스북)의 CEO 마크 저커버그는 메타버스로 변화되어 가는 현실에 대해 "이 변화의 충격은 인터넷을

능가할 것이다. 메타버스는 모바일 인터넷의 후계자"라고 했다.

앞으로 어떤 식으로든 새로운 방식의 업무가 다가올 것이다. 우리는 이 모든 것들을 받아들이고 인정해야 한다. '하이브리드 시대'라는 의미는 단지 재택근무와 사무실 근무의 혼합만을 의미하지 않는다. 다양한 것들의 혼합과 조화를 의미하는 것이다. 예전에는 기업의 존재 이유를 이윤 추구라 하며 무조건 '성과'에만 초점을 맞췄다면, 이제는 성과뿐만 아니라 직원의 웰빙과 워라밸을 함께 추구한다. 또한 직원 역량 향상Upskilling, 업스킬링도 중요하지만, 새로운 역량은 재개발하는 리스킬링Reskilling도 중요하다. 사람과 로봇의 공존에 대한 고민도 중요하고, 여러 세대 간의 협업도 중요하다. 이 모든 것을 '하이브리드'라고 한다. 어떤 식의 하이브리드가 되든 받아들이고 인정할 수 있는 자가 되도록 하자.

지금 당장 동료와 내가 어떤 부분에서 다른지 생각해 보라. 업무방식, 사고방식, 문제해결방식, 근무태도, 회의방식, 보고서 작성법 등 모든 부분에서 차이가 있을 것이다. 이 모든 것을 인정하라. 프로의 세계인만큼 결과를 본인이 책임지도록 하면 된다. 결과도 내가 믿어주는 만큼 나오게 되어 있음 역시 기억하라.

역멘토링으로
힌트 얻기

나는 오래전부터 유튜브를 해보라는 권유를 많이 받았다. 영상을 찍을 줄도, 편집할 줄도 모르고, 시간이 없기도 해서 차일피일 미루고 있었다. 어느 날 대학원 후배 슬아가 갑자기 본인 앞집에 사는 한 청년이 유튜브로 대박 났다는 이야기를 전해주는 것이다. "박사님, 음대에서 피아노 전공한 친구인데요. 피아니스트예요. 친구들이랑 음악 관련된 것도 올리고, 최근에 드라마 〈스카이 캐슬〉을 보고 진짜 서울대 의대생이랑 인터뷰하는 영상을 올리면서 대박이 났어요"라는 것이다. "박사님, 유튜브하면 좋을 것 같아요. 책 내용을 언니가 이야기하듯이 들려주는 거예요" 라며 나에게 적극 권유했다. 앞집 청년이 운영한다는 채널 '뮤라벨'에 바로 들어가서 살펴보았다. 당시만 해도 나는 유튜브를 목적형으로 보고 있었다. 무언가를 검색할 때나 혹은 음악을 들을 때만 이용했는데, 후배가 알려준 채널을 보는데 정말 시간이 훅 지나갔다. 이 친구를 만나보고 싶었지만 나보다 스무 살은 족히 어린 친구였고, 대뜸 만나자고 하면 부담스러워할 것 같았다.

그런데 어느 날 슬아에게 전화가 걸려왔다. "퇴근길에 앞집 청년을 우연히 만나서 박사님 이야기를 했거든요. 지금 통화 좀 해보시겠어요?" 갑작스런 통화 이후 집 앞 카페에서 몇 번 만나면서 유튜브 관련 조언을 시작으로 실전 팁까지 얻었다. 아쉬운 사람은 나인데, 만나기 부담스러울까 봐 적극적이지 못한 모습이 너무 부끄러웠다. 오히려 젊은 친구들은 아주 적극적이었고, 내가 잘 모르는 툴은 본인이 직접 알아보고 알려주기까지 했다. '젊은 애들이 나를 부담스러워 할 거야. 애들 불편하게 어떻게 물어봐' 또한 꼰대 마인드라는 생각을 했다.

매번 새로운 것들이 출현할 때마다 어떻게 하면 효과적으로 빨리 납득할 수 있을지가 문제다. 나는 리버스 멘토링Reverse Mentoring, 역멘토링을 추천한다. 일반적인 멘토링은 선배를 멘토로 두고 이것저것 배우고 도움을 받는 것이라면, 리버스 멘토링은 그 역할이 바뀐 것이다. 1999년 미국 GE가 인터넷 사업을 시작하면서 인터넷이라는 새로운 사업에 대해 잘 모르는 임원들과 신세대 사원을 1대 1로 매칭했던 제도다.

역멘토링은 단순히 MZ세대의 문화를 이해하기 위함만은 아니다. MZ세대가 실질적인 소비층으로 부상하다 보니 그들의 니즈를 파악해야 기업이 새로운 서비스나 제화를 생산할 텐데 이를 알 방법이 없는 것이다. 반면 회사에 있는 MZ세대는 의사결정권자가 아니니, 의견이 있어도 개진하기가 쉽지 않다. 그래서 리버스멘토링을 통해 베이비부머, X세대와 MZ세대를 연결시켜 트렌드를 빠르게 파악할 수 있도록 도와주는 것이다.

영국의 명품 브랜드 버버리는 2006년 아렌츠가 CEO로 취임하자마자, 디지털에 익숙한 젊은 직원들이 아이디어를 자유롭게 표출할 수 있도록 독립적인 조직을 만들었다. 바로 '전략혁신위원회 Strategic Innovation Council'다. 디지털에 익숙한 세대의 아이디어를 적극 활용하는데, 가장 대표적인 예가 2009년부터 SNS에 유명 연예인들이 버버리 트렌치코트를 입고 사진을 올리게 한 것이다. 덕분에 버버리는 명품 브랜드 중 MZ세대를 타깃으로 한 첫 브랜드가 됐고 성공적으로 디지털 트랜스포메이션도 정착했다. 당시에는 역멘토링이라는 용어를 사용하지는 않았지만, MZ세대의 의견을 듣고 수용했다는 점이 바로 역멘토링을 활용한 방법이다.

구찌는 2015년부터 역멘토링을 실시했다. 30세 이하 직원들과 임원들이 정기적으로 모임을 갖고 토론하면서 젊은 직원에게 배운 것을 의사결정에 반영하면서 회사가 변화했다. 그래서일까. 2017년부터 전 세계 밀레니얼 세대가 가장 사랑하는 브랜드가 됐다. 국내 기업에서도 이를 활용하는 사례를 많이 찾아볼 수 있다. 역멘토링 프로그램을 통해 실생활에서 필요한 실질적인 것들을 배우는 사례가 있는데, 당근마켓 사용법, 줌 사용법 등 정말 실생활과 업무에 꼭 필요한 것들이다. 줌이나 팀즈 같은 다양한 화상 툴이 지금은 일상화됐다고 하지만, 아직도 기본적인 사용법만 알고, 세팅을 해줘야 겨우 사용하는 상사들이 많다.

한 쇼핑 회사는 역멘토링을 통해 한 달에 두 번 정기 만남을 갖고 미션을 수행한다고 한다. 팀장 1인과 사원 2~3인이 한 조가 되어 핫플 등을 방문하는 것인데, 생각해 보라. 40대 혹은 50대 팀장이 젊은 친구들이 가는 홍대 브런치 카페 같은 곳을 언제 가봤겠는가. 젊은 세대 자녀들이 있어도, 아마 이런 핫플에 가기 쉽지 않을 것이다. 이런 역멘토링 제도를 시행하면, 디지털 기기의 사용뿐만 아니라 MZ문화를 자연스럽게 습득하게 되며, 그들의 생각과 가치관을 간접적으로 경험하게 된다. 그런데 조건이 있다. 꼰대의 마음이 아니라 어른의 마음 자세가 필요하다. "그런 거 알 필요 없어, 아침(브런치)을 이렇게 비싼 걸 먹어?" 이런 생각은 옳지 않다. 모든 걸 경험해 봐야 알 수 있게 된다. 알고 안 하는 것과 아예 모르는 것은 다르기 때문이다.

  역멘토링을 꼭 직장 내에서 할 필요는 없다. 젊은 세대들의 커뮤니티에 들어가서 활용해 볼 수도 있고, 개인적으로 멘토를 두는 방법도 있다. 나는 개인적으로 사외에서 역멘토를 두는 것을 더 권하고 싶다. 후배 슬아는 본인이 유튜브에 관심이 있어서 관련 책들로 배웠다고 한다. 개인적인 이유로 해외에 가게 돼서 그 책을 모두 나에게 주었고, 열심히 유튜브 공부를 하고 있다. 이런 기적과 같은 타이밍에 한 명의 역멘토가 또 나타났다. 유튜브를 해야지, 해야지 생각만 하고 있었지만, 실행으로 옮기지는 못하고 있었다. 그러다 코로나19로 비대면 세상이 되면서 유튜브뿐만 아니라 디지털 리터러시에 관련한 역량에 대해서 고민하게 됐다. 마침 출산휴가 중이던 후배 난주가 내 작업을 도와주고 싶다고 연락했고, 디지털 세상에 적응이 힘들었던 나에게 큰 힘이 됐다. "너 이런 영상 편집할 줄 알아?" "아니요, 금방 찾아서 하면 돼요. 다 돼요." MZ세대의 학습능력이다. 유튜브를 보고 금방도 배운다. 정말 신기하면서도 덩달아 나 역시 참 많은 것을 배웠다. 지금 난주는 코딩도 배우면서 자기계발에 열중하고 있다.
  우리는 정기적으로 만남을 정해놓는 사이도 아니고, 서로 바쁘면 상황에 따라 약속을 취소하기도 한다. 친구 사이라 가능하다.

사내에서 프로그램으로 짜여진 역멘토링이라면 의무감에 조금은 부담스러울 것 같기도 하다. 절대적으로 역멘토링은 역멘토가 심리적으로 편안해야 함을 강조하고 싶다. 그러려면 역멘토에게 부담감은 주지 말아야 하며, 나 또한 매력적인 선배여야 함을 기억하자. 지난 추석 때 나는 도움을 준 난주에게 커피 기프티콘 세 장을 선물했다. 시즌 메뉴를 골고루 골랐는데 역멘토로 후배를 옆에 두려면 나 역시 많은 노력과 트렌디함이 필요함을 기억하라.

만나고 대화를 나누는 과정만으로도 충분히 나와 다름을 인지하게 되므로 그 과정 속에서 서로에게 많은 것을 배우는 기회가 된다. 문득문득 내가 꼰대는 아닌지를 생각하게 되는 계기가 생기니 충분히 꼰대 탈출을 위해서도 추천할 방법이다. 나만의 생각이지만, MZ세대인 후배도 자신의 후배에게 나에게 배운 대로 탈꼰대가 되기 위한 노력을 할지 모른다는 기대를 해본다.

무엇보다 젊꼰들에게 역멘토가 더욱 필요하다고 본다. 아직 충분히 젊지만 역멘토링을 활용해 더욱 트렌디함을 유지하기 위한 노력을 실천하기를 바란다. 이런 여러 가지 방법으로 새로운 세대와 문화를 받아들이는 노력을 하다 보면 MZ세대가 아니라 이후 어떤 세대가 등장하더라도 소통할 줄 알고 어른다운 어른으로 인정받을 수 있을 것이다.

무한 신뢰의
긍정성

　나는 계획된 아침형 인간이다. 이유인즉 출근시간에 교통체증을 피하려고 하루를 조금 일찍 시작하는 것이다. 분당에서 서울 시내로 출근하던 때였다. 4시 반에 일어나 5시에 출발해서 5시 반이면 사무실에 도착했다. 직원들이 출근하는 9시까지 약 세 시간 반 정도 고요한 시간이 나에게 주어진다. 하루에 해야 할 업무를 그 시간에 대부분 마칠 수 있었다. 방해요소가 없으니 업무의 효율이 높아져 일을 빨리 마칠 수 있는 장점도 있다. 9시가 되면 회의도 해야 하고, 전화도 오고, 업무 방해요소가 곳곳에 있어서 나만의 업무 집중 시간이 필요했다. 그래서 찾아낸 방법이 아침 시간을 활용하는 방법이었다. 최근 한 유튜버가 '미라클 모닝'이라며 새벽 시간을 활용하는 생활패턴을 유튜브와 책으로 소개해 유행한 일이 있었는데, 나의 모습이 그랬다.

대략 낮 2시가 되면 내 업무가 모두 끝났고, 이후에는 자기계발 시간을 가졌다. 나는 교육콘텐츠를 개발하는 사람이다. 나에게 책을 읽거나 논문을 검색하는 건 업무나 마찬가지다. 주어진 업무를 모두 마친 다음엔 콘텐츠 개발을 위한 공부시간으로 활용했다. 나를 위한 자발적인 연장 근무였지만, 덕분에 나는 6시에 퇴근할 수 있었다. 하루는 상사가 나를 불러 하는 말에 충격을 받고 나의 가치관이 맞지 않는다고 판단해 퇴사를 결심했다. "너 너무 일찍 퇴근해. 애들 보기 좀 그렇지 않니?" "저는 아침에 좀 일찍 와서 일하고 있습니다." "앞으로 내가 볼 때 일해."

한참이 지난 후, 이 에피소드를 SNS에 올린 적이 있었는데 기억에 남는 댓글이 있다. "아주 중요합니다. 상사가 볼 때 일해야 합니다." 이걸 사회생활의 노하우라고 알려주는 건가 싶었다. 나는 CEO나 임원들을 대상으로 강의할 때면 꼭 이 에피소드를 이야기한다. 심리학자 매슬로는 "리더는 직원을 믿어줘야 한다"고 했다. 무한 신뢰를 해야 한다.

하이브리드 시대를 맞이하면서 최근에는 근무 장소나 출퇴근이 많이 자유로워졌다. 한 대기업 교육 담당자와 미팅이 있었다.

나는 미팅을 하기로 한 날에 별다른 일정이 없는 상태였고, 이왕이면 담당자가 출근하는 길에 미팅을 하고 사무실에 들어가면 조금 동선이 편하리라 생각했다. 그런데 미팅 전에 출근해서 상사에게 얼굴 도장을 찍고 나왔다는 것이다. "일단 얼굴 보여드리고 나와야 합니다. 아직도 윗분들이 꼰대세요." 내가 미팅 시간을 너무 일찍 잡는 바람에, 나의 과한 배려 때문에 출근 시간보다 더 일찍 출근해서 미팅 장소로 이동을 한 것이다. 여전히 우리나라 조직은 이런 모습이다. 눈으로 보아야 믿는다.

코로나19가 종식된다 해도, 지금과 같은 하이브리드 근무 상황은 계속될 것이다. 다양한 이점을 경험했기 때문이다. 많은 통계에서 볼 수 있듯, 무임승차자는 자연히 도태하게 되어있다. 많은 연구에서도 비대면 근무로 업무 생산성이 떨어졌다고 보지는 않는다. 앞서 설명한 국내 설문조사 결과에서도 '비대면 업무로 오히려 업무가 투명해져서, 실제로 일을 하는 사람과 일을 하는 척하는 사람이 보인다'는 응답률이 73.3퍼센트나 됐다. 우리가 동료들을 서로 못 믿는 이유는 지금까지는 '일하는 척하는 사람'이 많았기 때문인지 모른다. 하지만 하이브리드 시대가 본격적으로 자리를 잡으면 많은 인력이 정리될 것이다.

평가는 K Knowledge, S Skill, A Attitude, 즉 지식, 기술, 태도 측면에서

모두 다뤄져야 한다. 그런데 지금까지 공정한 평가가 이루어졌는지 의문이다. 주관적인 태도, 다시 말해 '근태'로 보이는 부분만을 평가하다 보니 공정하지도 못했고, 지금과 같은 하이브리드 근무 상황이 지속되다 보니 평가를 어떻게 해야 할지 고민스럽기도 하다. 나에게 하이브리드 시대에 적합한 평가에 대한 교육 의뢰가 들어오는 경우가 있는데, 이럴 때 참 난감하다. 그럼 지금까지는 KSA를 모두 평가하지 않았단 말인가.

꼰대 테스트 항목 중 '근태의 중요성'에 대한 항목이 있다. 근태로 사람의 성실성을 판단하는 것이야말로 꼰대 인증이다. 내가 직장생활을 하던 때 늘 야근을 하던 직원이 두 명이 있다. 한 명은 늘 대학원 숙제를 했고, 다른 한 명은 일이 느려서 늘 야근을 했다. 그런데 이 사실을 상사는 모른다는 것이다. 그래서 야근을 염두에 두고 일을 하게 되는 것이고, 놀더라도 회사에서 노는 일이 벌어지는 것이다.

꼰대가 되지 않기 위한 또 한가지 팁은 바로 동료를 무한 신뢰하라는 것이다. 보이지 않는 부분까지 신뢰해야 한다. 평가는 결과로만 한다. 성과가 좋지 않지만 '그래도 매일 야근하잖아'라며 성실성에 점수를 후하게 주는 평가는 바람직하지 않다. 눈에 보이는 과정은 주관적일 수밖에 없다. 과정은 관심을 보이는 것으로 충분하다. "일이 많아? 야근이 잦네." 이 정도 관심은 괜찮다. 더불어 관심이 모여 좋은 성과를 만들어 낼 수도 있다. "무슨 일인데 매일 야근이지? 내가 도와줄 일은 없나?"처럼 말이다.

하지만 관심과 평가는 별개의 것임을 기억하라. 해당 직원도 관심이 평가와 연결될 것이라고 착각을 하게 만들면 안 된다. 업무 과정에서의 무한 신뢰는 직원들의 책임감을 이끌어내기에 충분하다는 걸 기억하라.

1분 미만의 피드백도 효과적이다

"너 그렇게 하면 직장생활 힘들어." 나의 첫 직장에서 사수에게 들었던 말 중 지금까지 가장 기억에 남는 한 마디다. 직장생활이 뭔지도 잘 모를 때인데, 어린 마음에 모든 상사가 무섭고, 앞으로 어떻게 해야 하나 여러 가지 생각이 들었다. 회의에 참석하면 늘 '혼난다'는 느낌을 받았고, 회의실에 혼자 남아서 계속 울었던 기억이 있다. 아직도 잘 모르겠다. 나의 어떤 행동이 잘못되었는지 말이다. 당시에는 무서워서 못 물어봤지만, 만약 물어봤다면 사수의 답은 뭐였을까? "대리님, 제가 뭘 잘못했어요?" "그걸 말로 해야 알아? 잘 생각해 봐." 이런 피드백은 후배가 전혀 발전할 수 없다. 꼰대 선배라는 말만 들을 뿐이다.

피드백은 있는 그대로의 사실을 전달하는 것이다. 피드백은 원래 코칭 스킬이지만, 어렵게 생각할 필요는 없다. 조금 공적인 스몰토크 정도로 생각하면 된다. 피드백은 두 가지로 나뉘는데, 긍정적 피드백과 부정적 피드백이다. 긍정적 피드백은 옳은 행동이 행해졌을 때 그 행동이 옳았다는 것을 말해 주는 것이다. '잘했다'라는 칭찬을 의미하는 건 아니다. 어떤 면이 옳은 행동인지를 구체적으로 알려주어야 한다. 그래야 그 행동이 다음에 또 반복될 수 있기 때문이다.

한 설문조사에서 '자신의 성장이 어려워 보일 때 퇴사를 결정'할 것이라는 응답률이 25퍼센트로 나타났다.* 선배 세대의 생각에 당연한 행동이라 생각될지라도 사회 초년생의 경우라면 옳은 행동의 기준을 모르니, 모든 것을 새롭게 배워야 한다. 옳게 수행됐다는 짧은 피드백으로 스스로 하나씩 배웠다고 느낄 때 조직 적응에 긍정적인 영향을 줄 수 있다.

비대면 근무로 자주 대면을 하지 못하는 상황이라면 피드백이 유일한 소통이 될 수 있다. 이때 주의할 사항이 있다. 피드백은 자주자주 하되, 시간은 짧을수록 효과적이다.《하버드 비즈니스 리

---

* 〈취준생이 기대하고 사회초년생이 원하는 직장생활〉, 대학내일20대연구소, 2020.

뷰》에 의하면 1분 미만의 IT 기기를 활용한 피드백만으로도 충분히 효과적이라고 한다. 꼭 얼굴을 보고 "내가 할 말이 있어, 잠깐 줌으로 볼까?"라고 할 필요는 없다는 것이다. 사내 메신저 혹은 카카오톡으로도 충분히 효과적인 피드백이 될 수 있음을 명심하자. 줌으로 혹은 얼굴을 보며 대화를 시작하게 되면 시간이 길어질 수밖에 없다. 세대가 내려갈수록 대면 소통에 부담을 갖기도 하지만, 시간이 길어지면 조언으로 이어질 가능성이 있으니 주의하자. "커피 한잔 할래요?"라는 말을 들으면 MZ세대는 가슴이 두근거린단다. '무슨 심각한 이야기를 하려고, 내 시간 빼앗기는 거 아니야?'라고 말이다. 그래서 'TMIToo Much Information, 너무 과한 정보, TMTToo Much Talker, 말이 너무 많은 사람'라는 말이 나온 것인지 모른다.

부정적인 피드백은 무언가 잘못 적용되어 수정이 요구된다는 것을 알려주는 것이다. 사실을 기반으로 구체적인 행동을 언급해야 하며, 감정이나 평가는 배제되어야 한다. 꼭 포함되어야 할 내용은 어떻게 변화되면 좋은지를 구체적인 행동으로 알려줘야 한다. "너 그렇게 하면 직장생활 힘들어." 이 피드백이 좋은 피드백이 아닌 이유를 알겠는가. 무엇을 잘못 했는지도, 뭘 어떻게 해야 하는지도 모르겠다. 게다가 감정적인 어투는 듣는 사람의 기분을 망치기까지 한다. 어이없는 건 20여 년이 지난 지금까지도 내가 뭘 잘못했는지 모른다는 사실이다. 이런 꼰대의 어법은 후배의 발전에 전혀 도움을 주지 못한다.

사람의 행동을 이끄는 동기에는 두 가지가 있다. 바로 '접근 동기'와 '회피 동기'다. 접근 동기는 원하는 것에 가까워지도록 하는 욕구고, 회피 동기는 원하지 않는 것에 멀어지도록 하는 욕구다. 예를 들어, "이 사원, 한 번만 더 그런 식으로 업무 처리하면 다음엔 내가 책임질 수 없어." 이런 식의 피드백은 회피 동기다. '그런 식으로'라고 잘못된 부분을 알려주기는 했으나, 어떻게 수정되어야 하는지가 분명하지 않아, 좋은 피드백이라 하기 어렵다.

"이 사원, 오늘 내가 설명한 대로 조금만 수정하면 원하는 성과를 달성할 수 있을 거야." 이런 피드백은 접근 동기다. '내가 설명한 대로'라고 어떻게 수정해야 하는지가 나타나 있어 더욱 발전적인 피드백이라 할 수 있다. 어떤 게 더 좋은가. 이왕이면 접근 동기를 활용해서 원하는 결과를 유도하는 게 낫다고 느껴질 것이다.

인사팀 직원들과 이야기를 나누다 보면, 많은 고민을 들을 수 있다. 최근에는 채용에서 불합격한 지원자가 떨어진 이유를 물어오는 경우와 재직자가 본인의 성과 평가 결과에 의문을 갖고 문의를 해 오는 경우가 많아졌다는 예시를 앞장에서도 설명했다. 과거에는 불합격 이유가 궁금해도 물어볼 수 없었다. 다음에 또 지원할지도 모르는데, 블랙리스트에 이름이 올라가기라도 하면 어찌나 하는 걱정 때문이다. 성과 평가가 역시 마음에 들지 않아도 물어볼 수 없었다. 어차피 담당 임원이나 팀장이 평가를 했을 텐데 물어본다 한들 무슨 의미가 있겠나 싶은 것이다.

MZ세대는 불만을 갖고 있다기보다는 정확한 피드백을 듣고 싶어서일 수 있다. 그런데 평가자의 입장에서 이러한 질문에 답을 해주지 못하고 기분 나빠하는 이유는 무엇인가? 명확하고 객관적인 기준으로 평가를 하지 않았기 때문이다. 객관적인 기준이 없고 업무에 대해 명확히 모르니 뭐라 이야기할 수 없는 것이다. 객관적인 기준을 들어 접근 동기로 피드백을 준다면 듣는 사람도 기분이 나쁘지 않고 앞으로 더 좋은 성과를 낼 수 있을 것으로 기대한다. 인정할만한 이유를 설명해 준다면 MZ세대도 당연히 인정할 것이다. 이것이 객관적인 피드백이다.

학업 시절, 매 수업시간마다 지각하는 학생이 있었다. 9시 수업에는 늘 9시 반에 들어오는 식이었다. 어느 날 교수님께서 갑자기 오전에 회의가 잡혔다며 수업 시작 시간을 9시 반으로 미룬 적이 있었다. 그 친구는 그날도 어김없이 30분 늦게, 10시에 수업에 들어왔다. 강의실 분위기가 싸해졌다. 그 친구의 학점이 최하점이 나왔는데, 본인의 점수에 대해 교수님께 물어봤다고 한다. "교수님, 제 점수에 대해서 여쭤보려고 하는데요. 제가 이번 학기에 많이 부족했나요?" 교수님의 답변은 "잘 생각해 보게"였다고 한다.

평가에 태도 점수가 있기는 했을 것이다. 나도 대학에서 강의를 했을때, 보통 10점 내외로 수업 태도 점수를 주곤 했다. 그런데 그 점수만으로 최하점이 나오지는 않는다. 아마도 교수님께서는 명확하고 객관적인 기준으로 평가를 하지 않은 듯한데, 바로 꼰대 마인드다. 학교와 조직의 평가는 다르겠지만, 조직에서의 평가는 지식, 기술, 태도를 모두 평가해야 한다. 이 경우는 태도만 평가한 것으로 판단되니 얼마나 억울한가. 몇몇 친구들이 모여서 친구를 위로하는 것밖에 답이 없다. "지각한 것도 큰 잘못이긴 하지. 일단 기본은 잘 지키자"라고 말이다. 좀 더 명확하게 과제에 대한 평가를 해주었으면 좋았을 걸 하는 아쉬움이 든다. 그랬다면 연구자로서 그 친구에게 더욱 발전적이지 않았을까.

면접에서 불합격한 후 이유를 물어오는 경우나 성과 평가에서 불만족을 제기하는 경우를 경험하게 된다면 부정적인 시각으로 볼 것이 아니라, 그 상황을 명확하게 설명해 줄 수 있도록 객관적인 기준을 검토해 보자. 평소 업무에 관한 피드백도 느낌으로 대충 해 줄 수 없음을 기억하라.

허두영 작가의 책《요즘 것들》에서 '요즘 것들은 배울 게 없으면 쌩깐다'고 하지 않았던가. 내가 명확하게 피드백을 해주지 못하는 건 바로 잘 모르기 때문일 수 있다. 내가 업무에 대해 제대로 알고 있어야 피드백도 제대로 해줄 수 있다. 시대가 발전하면서 늘 하던 업무에도 크고 작은 변화와 발전이 있었다. 10년 전, 20년 전과 지금의 업무는 많이 다르다. 매일같이 하던 업무 같지만 꾸준한 공부와 노력이 없으면 후배 세대를 따라가기 힘들다. 어느 순간 트렌드를 놓쳐버리면 바로 꼰대 취급을 당한다. 비대면 시대에 짧고 임팩트 있는 피드백을 위해서 내 업무에 전문성을 지속적으로 키워야 한다.

정리하면, 피드백은 감정은 배제하고, 객관적인 사실만 언급하며, 자주자주 짧게 한다. 기술적인 면은 잘 알겠다. 그럼에도 피드백을 잘하지 못하는 이유는 무엇인가. 잘못된 대화 습관, 부정적인 감정 습관 그리고 질책이 성장을 촉진시킨다는 잘못된 인식 때문이다. 딱 꼰대 마인드 아닌가. 이 세 가지를 메모해서 책상 앞에 붙여 두기 바란다. 아니면 스마트폰 메모장에 써놓고 틈날 때마다 보자.

《마지막 몰입》의 저자 짐 퀵에 의하면 성공한 사람들은 'To do list'를 작성한다는데, 그들 중 상위 10퍼센트는 'Not to do list'를 작성한다고 한다. 바로 이 세 가지가 'Not to do list'다. 꼭 기억하기 바란다.

MZ세대와 회식 없이
친해지는 법

"밥 한번 먹자", "언제 내가 밥 한번 사야 하는데", "식사 맛있게 하십시오", "왜 밥을 혼자 먹어?" 우리는 유독 밥과 관련한 인사말이 많다. 누군가의 식사를 챙긴다는 건 집에서나 직장에서나 쉬운일은 아니다. 신경 써야 할 것들이 한두 가지가 아니다. 회식 한번 한다고 치자. 메뉴, 장소를 정하는 일부터 신경 쓰인다. 메뉴와 장소가 정해지면, 자리 배치는 어떻게 할지, 몇 시쯤 마칠지, 2차는 어디로 이동할지 등등. 회식문화를 바꿔보겠다며 119 등 다양한 시도들이 있었다. 119란, 1종류의 술로 1차만, 9시 전에 마친다의 준말이다. 이런 규칙까지 만드는 것을 보면 아마도 회식에 문제가 많았던 모양이다. 아주 예전에는 회식을 가야만 자주 못 먹던 고기도 먹고, 생전 처음 먹어보는 음식도 경험할 수 있었다고 한다. 나보다 선배 세대의 이야기다. "얘들아 오늘 회식이다." "우와, 오늘 회식이래. 소고기 사주세요." 정말 언제 적 이야기인가.

중년인 나도 사회 초년부터 회식이 싫었다. 개인적으로 술을 못 마시는 것도 그렇지만, 회식 때 오가는 이야기가 재미없었다. 자리가 지루하니 음식도 영 입에 맞지 않았다. 에너지만 쏟고 집에 오면 그저 피곤하고 하루가 그렇게 지나가니 시간만 아깝다는 생각이 들었다. 그렇다고 내가 대인관계에 문제가 있는 사람은 아니다. 평소 친한 언니와 함께 출장을 자주 다닌다. 종일 여덟 시간씩 강의하고 숙소에 와서 같이 저녁 먹고 새벽 2시까지 수다를 떨다가 잠자리에 들곤 한다. 내일 저녁을 기약하며 말이다. 나는 그렇게 사람을 좋아하는데 유독 회식은 싫었다.

나는 그냥 참았다지만, 시간이 지나 세대가 변하면서 본인의 의사표현을 명확히 하기 시작했다. 그럼에도 회식을 해야 한다면서 '119' 같은 회식 문화를 만들었고, 조직에 여성인력의 수가 늘어나면서 문화 회식도 증가했다. 그마저도 코로나19가 터지면서 이제는 아예 회식이 사라졌다. 조직마다 터져 나오는 볼멘소리가 있다. "회식을 못하니 소통을 할 수 없다."

여기서 아주 의미 있는 설문조사를 살펴보자. '회사에서 친하지 않은 사람과 밥을 먹거나 술자리를 하게 되는 것은 불편한 일이다'라는 질문에 74.5퍼센트가 '그렇다'며 공감했다. 그리고 '같은 회사를 다녀도 업무가 다르면 서로 데면데면하게 지내는 것은 자연스러운 일이다'라는 질문에도 '그렇다'라는 답변이 69.2퍼센트나 됐다.[*] 베이비부머나 X세대에게 '밥을 먹는다'는 의미는 '친해진다'는 의미와 같다. 그러나 지금 시대의 직장인들은 누구와 밥을 먹든, 회사 사람과 어떻게 지내든 큰 의미를 두지 않는다는 것이다. 예전처럼 줄을 잘 서서 출세할 것도 아닌데 말이다.

단도직입적으로 이야기하고 싶다. 친해진다는 의미를 다시 생각해 볼 필요가 있다. 호형호제하며 집안 사정 모두 다 알아야 친한 건 아니라는 의미다. 그리고 모든 직원과 친해질 필요도 없다. 드라마 〈슬기로운 의사생활〉에서 배우 조정석이 분한 이익준 교수는 병원 내 모든 직원의 개인적인 사정까지 속속들이 잘 알고 친하게 지내는 친근한 캐릭터다. 그런 캐릭터만을 성격 좋은, 인간관계 좋은 사람으로 정의하지 않길 바란다. 성격 좋고, 인간관계 좋은 사람이 업무 능력도 탁월할 것이라는 이상한 연결고리를 만드는 것에 더 크게 주의해야 한다.

MZ세대와는 말을 많이 하지 않아도 충분히 친해질 수 있다. 여

---

[*] 〈직장 내 인간관계에 대한 인식〉, 엠브레인, 2020.

기서 친해진다는 의미는 다분히 공적인 관계를 의미한다. 사적인 범위까지 친해지려 하지 말자. 선을 지키는 선에서 친해짐을 기억하자. 그렇다고 무관심은 허용되지 않는다. 이 경계를 지키기가 어렵다.

비대면 상황에서 친해질 수 있는 방법으로 스몰토크를 활용해 볼 수 있다. 피드백도 스몰토크로 생각할 수 있지만 이 부분에서의 스몰토크는 조금 가벼운 대화를 의미한다. 멋지고 거창한 말을 하려고 고민하지 말자. 사소한 말하기로 관심을 짧게 표현하는 정도로도 충분하다. MZ세대는 많은 관심과 배려 속에서 성장을 한 세대다. 그 누구보다 본인이 소중하다고 생각을 한다. 스몰토크는 바로 관심의 표현이 될 수 있다. 만약 대면 상황이라면 간단한 질문과 함께 상대가 답을 하는 순간, 시선을 마주치면서 미소가 함께한다면 더욱 효과적일 것이다. "식사했어요?" "커피 마셨어요?" 이정도면 충분하다. 눈 마주침과 미소는 직장생활을 하면서 우리가 잃어버렸을 가능성이 크다. 익숙한 사람에게 시선을 주고 미소로 응대하는 일이 많지 않기 때문이다. 스스로 본인을 관찰해 보라.

업무에 있어서는 "잘했어요. 김 사원은 어쩜 이렇게 통계를 잘 돌려요?" 이런 인정을 스몰토크로 자주 활용하면 친밀감을 형성하는데 회식보다 더 좋은 효과를 얻을 수 있다. 스몰토크를 나누다가 너무 깊게 들어가면 안 된다. "주말에 뭐 했어요?"라는 질문은 살짝 위험하다. "주말 잘 보냈어?"가 더 적합한 질문이다. 질문을 활용할 때에는 '오픈형 질문'을 활용하라고 배운 적이 있을 것이다. 참 어려운 지점이다. 오픈형 질문이란 '네, 아니오'가 아닌 답을 요구하는 질문을 말한다. 그렇다면 "주말에 뭐 했어?"라는 질문을 오픈형의 질문이 맞다. 그런데 불편한 질문이다. 모든 오픈형의 질문이 허용되는 게 아니다. 개인적인 질문을 극도로 불편해하는 세대라는 것도 기억하길 바란다. 이유는 본인이 소중하기 때문이다. 본인의 사생활도 보호받아야 한다고 생각한다. 다음의 대화를 한번 살펴보자.

"취미가 뭐예요?"

"넷플릭스 주로 봅니다."

"영화를 돈 주고 본다고? 시간 있으면 공부를 하지. 아니면 책을 보든지."

"……"

오픈형의 질문까지는 좋았지만, 상대의 취미를 인정해 주지 않는 꼰대의 대화로 적절치 못했다. 질문으로 대화를 잘 시작했으나 결국은 본인의 이야기로 상대의 말문을 막아버렸다. 이런 식의 대화는 상대와 관계를 긍정적으로 만들 수 없다. 설령 내가 넷플릭스를 보지 않는다 해도 상대방의 취미를 인정해 주는 대화를 해야 한다.

"취미가 뭐예요?"

"넷플릭스 주로 봅니다."

"나는 아직 넷플릭스 안 보는데, 다들 하나 보네요. 요즘 〈오징어 게임〉이랑 〈지옥〉 이야기만 하던데. 영화나 드라마도 많고, 다큐멘터리도 있다면서요. 뭐 추천해 줄 거 있어요?"

"제가 최근에 본 프랑스 드라마가 있는데요."

내가 관심이 없고 잘 모르는 분야라 할지라도 관심 갖도록 노력하는 사람이 트렌디함을 유지하는 매력적인 사람이라고 하겠다.

"내가 그렇게까지 해야 해?" 그렇게 해야 한다. MZ세대가 나에게 호감을 느끼지 못하면 누구 손해일까 생각해 보자. MZ세대가 우리 회사를 매력적으로 느끼지 못한다면, 그래서 퇴사한다면 누구 손해일까. 바로 그와 일하는 모든 구성원이 피해를 본다. 회식으로만 친분을 쌓고 리더십을 발휘할 수 있는 것이 아님을 이해했을 것이다. 짧지만 강력한 스몰토크로 활용할 수 있는 질문 몇 가지를 만들어 놓고 내일 당장 사용해 보자.

부록

트렌드 사전

```
ㄱ
```

갓생

신GOD, 갓과 인생이 합쳐진 신조어다. MZ세대는 모범이 되고 훌륭하다는 의미로 '갓'을 접두어로 쓰는데, 갓생은 모범이 되는 인생이나 바른 생활을 뜻하는 말로 그 의미가 확장됐으며 소소하지만 성취감을 얻을 수 있는 일을 꾸준히 하는 게 갓생의 핵심이다.

고독방

카카오톡 등 SNS에서 팬이 스타를 응원하기 위해 또는 팬끼리 뭉치기 위해 만든 오픈 채팅방이다. '고독'이란 단어로 알 수 있듯이 대화 없이 사진으로만 소통할 수 있다. 더불어 간단한 질문과 답을 남길 수 있는 '안 고독방'도 인기다.

긱 잡

긱잡Gig Job이란, 필요할 때마다 계약직이나 임시직 등을 섭외해 일을 맡기는 일을 지칭하는 용어다. 코로나19의 여파로 안 좋았던 취업 시장이 더욱 악화되면서 평생 직장의 개념은 자연스레 없어지고, 계약직이나 임시직으로 취업하는 2030 구직자가 증가하게 되는데 이렇게 빠른 시대 변화에 대응하기 위해 비정규 프리랜서 근로 형태가 확산되는 경제 현상을 '긱 경제'라고 한다. 긱 경제의 활성화로 긱잡은 단순한 아르바이트 개념을 넘어, 능력 있는 MZ세대의 새로운 직업 트렌드로 자리 잡았다.

다꾸

나만의 취향이나 감성에 관심이 많고, 이러한 활동을 SNS에 올려 자기만족을 하는 MZ세대는 다꾸, '다이어리 꾸미기'를 통해 개성을 드러내기도 한다. 기성품으로는 자신을 드러내기 힘들고, 개인의 성향을 중시하는 MZ세대만의 방식으로 다꾸가 유행했으며 코로나19의 장기 유행으로 집에서 할 수 있는 꾸미기에 몰두하는 것도 요인으로 뽑힌다. 다꾸 외에도 깊꾸(기프티콘 꾸미기), 방꾸(방꾸미기) 등도 있다.

돈쭐내다

몹시 꾸짖는다는 뜻의 혼쭐내다와 돈의 합성어다. 어떠한 사람이나 기업이 사회적으로 옳은 행동을 하거나 금전적인 손해를 보는데도 불구하고 타인에게 베풀었을 때 '돈으로 혼내야 한다'는 의미로 쓰고 있다. 주로 해당 기업이나 사업체에 주문을 폭주시키고 매출을 올려주는 형태이며, 활용형으로는 "가서 돈쭐을 내주자", "돈쭐내줘야 겠네" 등으로 쓸 수 있다.

리추얼(Ritual)

MZ세대가 열광하는 습관 만들기 루틴이다. 규칙적인 습관을 통해 코로나 블루와 취업 스트레스 등을 극복하고 성취감, 만족감 등을 얻는다. 리추얼의 예로 미라클 모닝, 달리기, 요가, 침구 정리, 아침에 따뜻한 물 마시기 등이 있는데, 거창

한 것이 아닌 소소한 리추얼 행위를 통해 삶의 태도를 재정비하거나 가치 있는 일상을 만드는 의식적인 삶을 뜻한다.

-며들다

스며들다의 -며들다를 이용한 합성어로 누군가에게 애정을 느껴 깊게 빠졌다는 의미로 사용한다. 유튜브 채널 '피식대학'의 한 코너인 'B대면 데이트'에서 카페 사장 '최준'의 오글거리는 말투에 중독성을 느낀 MZ세대가 '준며들다'라는 신조어를 만들었고, 이후 93회 아카데미 여우조연상을 수상한 배우 윤여정 신드롬이 불면서 전 세계가 '윤며들'기도 했다.

무물(무엇이든 물어보세요)

인스타그램 스토리 기능을 말하는 신조어다. 해당 기능을 사용하면 '무엇이든 물어보세요!'라는 메시지와 함께 팔로워가 질문을 쓸 수 있는 창이 뜨고, 그에 답하는 신종 SNS 문화다.

이처럼 MZ세대는 '인플루언서블 세대'로 정의할 수 있다. 인플루언서처럼 행동하고, 타인에게 관심받는 걸 즐기고, 사회에 영향 끼치는 걸 좋아하는 세대다.

밈(Meme)

영국의 생물학자 도킨스의 저서 《이기적 유전자 *The Selfish Gene*》에서 소개된 개념으로 유전자처럼 개체의 기억에 저장되거나 다른 개체의 기억으로 복제될 수 있는 비유전적 문화요소 또는 문화 전달단위가 본래의 뜻이다. 하지만 MZ세대는 누구나 쉽게 따라 하고 소비할 수 있는 온라인 유행 콘텐츠의 의미로 사용한다.

'1일 1깡', '틱톡 챌린지', '휴먼 여정체' 등이 대표적 밈이라 할 수 있다.

ㅂ~ㅅ

바디프로필(바프)

코로나19로 건강 열풍이 불면서 MZ세대를 중심으로 '바디 프로필(줄여서 바프)' 촬영이 유행이 됐다. 운동이나 식이요법 등을 통해 만든 자신의 몸을 전문 스튜디오에서 사진으로 촬영하는 것인데, MZ세대는 SNS로 일상을 기록하고, 열심히 자기관리를 했다는 성취감과 자신의 멋진 순간을 공유하는 것에 자연스럽다.

부캐

원래 게임에서 사용되던 용어다. 온라인 게임 상에서 본래 사용하던 캐릭더나 계정 외에 새롭게 만든 부캐릭터를 줄여 부른 말이다. 예능 등 미디어나 다양한 콘텐츠 업계에서 사용하면서 '평소의 내가 아닌 새로운 모습'으로 정의되고 있다. 예능 프로그램 〈놀면 뭐하니?〉에서 유재석이 유산슬, 지미유로 등장한 것이나 개그맨 김신영의 둘째이모 김다미, 한사랑산악회의 이택조 등이 대표적이라하겠다.

불멍

캠핑장에서 장작불을 멍하니 본다는 의미의 '불멍'은 '불을 보며 멍 때린다'의 줄임말이다. 이밖에도 '물멍', '산멍' 등이 있는데, 지친 상태의 심신을 정화하고 멍 때리면서 마음챙김을 한다는 뜻이다. 원래는 캠핑족이 쓰던 단어인데, 코로나19 등으로 MZ세대 사이에서 새로운 힐링 트렌드가 됐다.

붕세권

붕어빵 + 세권을 뜻하는 신조어다. 집이나 직장 근처에 붕어빵 파는 곳이 있다는 의미인데, '가슴속3천원', '붕세권' 등의 스마트폰 어플리케이션도 겨울 필수 앱이 됐다. 접속하면 내 위치에서 가장 가까운 붕어빵 노점을 확인할 수 있고, 평가나 위치 등도 직접 등록할 수 있다. 붕세권과 비슷한 단어로는 '편세권(편의점 + 세권)', '슬세권(슬리퍼 + 세권을 뜻하며 간단한 먹거리나 생필품을 슬리퍼 신고 갈 정도로 가깝다는 의미)' 등이 있다.

뼈 때린다

'정곡을 찌르다'라는 뜻으로, 과거에 유행했던 신조어 '팩폭(팩트폭력)'과 유사한 뜻으로 쓰인다. 날카로운 조언을 할 때 '뼈 때린다', 정곡 찔리는 말을 들었을 때 '뼈 맞았다' 등으로 쓰이며, 한 단계 더 진화해 요즘 MZ세대는 '뼈 맞았다'는 말 대신 너무 맞는 말만 들어서 뼈까지 발골됐다는 의미로 순살 치킨 추가 비용을 나타내는 '2천 원 비싸졌다'고 쓰기도 한다.

손민수

2016년 tvN 드라마로도 만들어졌던 웹툰 〈치즈인더트랩〉 속 인물의 이름이다. 주인공을 질투하며 뭐든지 따라하는 캐릭터로, MZ세대는 타인의 패션과 일상생활 패턴을 따라 하는 사람 또는 행동을 일컬어 '손민수하다', '손민수템' 등으로 부른다.

숏폼 비디오(틱톡, 릴스, 쇼츠)

1~10분 이내의 짧은 영상으로, 언제 어디서나 모바일 기기를 이용해서 콘텐츠를 즐기는 대중들의 소비 형태를 반영한 트렌드다. 틱톡이나 인스타그램의 릴

스, 유튜브의 쇼츠 등이 주요 플랫폼으로 TV보다 모바일 기기가 익숙한 MZ세대가 주 소비층으로 자리잡으면서 소비되고 있다. MZ세대는 일과 여가활동이 다양해지고, 방대한 콘텐츠를 즐기는 방법이 다양해지면서 짧은 시간 내에 시청이 가능하고, 직접 생산을 할 수 있는 숏폼 콘텐츠가 인기를 끌고 있다.

숨듣명

'숨어서 듣는 명곡'의 줄임말이다. 대놓고 듣기에는 민망해서 몰래 듣는 명곡이라는 뜻이다. 멜로디는 좋으나, 유치한 가사, 해괴한 콘셉트 등이 특징이다. 유튜브 채널 '문명특급'에서 시작해 MZ세대의 새로운 트렌드로 자리 잡았다. 숨듣명의 대표적 노래로는 티아라의 〈Sexy love〉, 비의 〈깡〉, 유키스, 틴탑 등이 숨듣명의 대표 주자로 거론됐다. 비슷한 콘텐츠로 다시 컴백해도 눈감아 줄 명곡이란 뜻의 '컴듣명'도 있다.

ㅇ~ㅌ

얼죽아

'얼어 죽어도 아이스 아메리카노'의 줄임말로 추운 날씨에도 아이스 음료만 마신다는 의미다. 얼죽아에서 파생된 신조어로는 얼어 죽어도 코트 입기를 포기하지 못한다는 뜻의 '얼죽코', '뜨죽따(뜨거워 죽어도 따뜻한 음료)', '쪄죽따(쪄죽어도 따뜻한 물로 샤워하기' 등이 있다.

MBTI(엠비티아이)

MBTI(Myers-Briggs-Type Indicator, 마이어스-브릭스 유형 지표)는 마이어스와 브

릭스가 칼 융의 분석심리학을 근거로 고안한 자기보고 식 성격유형 지표다. 단체에서 심리유형 및 적성 파악을 위해 활용한 검사였지만 최근 MZ세대 사이에서 하나의 문화 현상으로 자리 잡았다. MBTI는 총 16가지 성격유형 결과를 나타내는데, '나' 자신을 알고자 하는 성향이 강하고, 본인을 노출하기 좋아하는 MZ세대의 특징을 나타내는 유행이라 볼 수 있다.

오하운

'오늘 하루 운동'이란 뜻이다. 코로나19로 외출이 제한되고, 집콕이 일상화되면서 무기력증을 벗어나기 위해 운동 목표를 스스로 정해 놓고 이를 달성하기 위해 챌린지하는 것이다. SNS에 #오하운 해시태그와 함께 인증하는 등 이전과는 다른 MZ세대만의 운동 트렌드라 볼 수 있다. 《트렌드 코리아 2021》에서 '자기 관리에 투철한 MZ세대의 특성', '정체 시대, 운동으로 성취감을 찾으려는 경향' 그리고 '운동과 관련된 기기 및 플랫폼 시장의 발전' 같은 복합적인 원인이 일으킨 현상이라고 분석했다.

인만추

'인위적인 만남 추구'의 줄임말로, 한때 신조어였던 '자만추(자연스러운 만남 추구)'의 반대말이다. 코로나19 시대 속 MZ세대는 자연스러운 만남 자체가 어렵기도 하고, 데이팅 앱 등도 활발히 이용하고 있어서 인만추가 자연스러운 현상이 됐다.

줍깅

지속 가능한 가치를 추구하는 MZ세대는 자신만을 위한 운동을 넘어 모두를 위한 운동 문화를 추구한다. 대표적인 사례가 '플로깅'에서 파생된 '줍깅'이다.

이삭을 줍는다는 뜻의 스웨덴어 'Plocka upp'과 '조깅Jogging'을 합친 '플로깅 Plogging'은 북유럽을 중심으로 빠르게 확산되어 한국에서도 '줍기'와 '조깅'을 합친 신조어로, 쓰레기를 주우며 걷거나 달리는 환경 캠페인을 의미한다.

ㅍ~ㅎ

플렉스

MZ세대 소비 성향의 하나다. 플렉스Flex란 1990년대 미국 힙합 문화에서 유래한 말로, 래퍼들이 돈을 쓰며 과시한다는 뜻의 용어인데, '플렉스 해버렸지 뭐야~'라고 말한 것이 유행으로 번지면서 MZ세대 소비 문화에 영향을 주었다. 사람인의 〈2020년 플렉스 소비문화 설문조사〉에 따르면, 2030세대 52.1퍼센트가 플렉스 소비를 긍정적으로 생각하고, 이유(복수응답)는 '자기만족이 중요해서'가 52.6퍼센트로 나타났는데 '플렉스'는 소비를 통해 재력을 과시하고, 만족감을 추구한다고 볼 수 있다.

하울

유튜브 등 인터넷 방송에서 구매한 물건을 품평하는 콘텐츠를 일컫는다. 2000년대 중반 주로 스마트폰이나 전자 기기를 대상으로 한 '언박싱Unboxing'의 일종으로 본다. 언박싱은 포장을 풀고 작동시켜 보면서 물건의 이모저모를 평가하는 것이라면, 하울은 특성 상표의 제품을 대량 구매하거나 고가의 상품을 산다는 것에서 차이가 있다. 특정 브랜드나 물건명 뒤에 하울을 붙이거나 '명품 하울', '화장품 하울', '인터넷 쇼핑 하울' 등과 같이 사용한다.

할매니얼

할머니의 사투리인 '할매'와 밀레니얼 세대의 '밀레니얼'을 합성한 신조어로, 이전 세대에서 유행했을 법한 음식이나 패션 취향을 선호하는 밀레니얼 세대를 뜻한다.

혼바비언/혼여족

혼밥은 MZ세대만의 전유물은 아니다. 과거의 혼밥은 경제적인 이유나 사회적인 이슈로 자리잡고 있던 문화다. 지금은 MZ세대가 증가하면서, 환경이나 건강을 중시하는 채식주의자나 본인의 식사시간을 온전히 즐기고 싶은 세대적 특성이 됐다. '~을 하는 사람 또는 그런 직업을 가진 사람'을 뜻하는 영어 접미사 -ian을 붙여 '혼바비언'이라는 신조어도 생겼으며, 혼밥, 혼술에 이어, 혼여(혼자하는 여행), 혼놀(혼자하는 놀이) 등 파생어도 생겨났다.

젊꼰 금지 선언서

꼰대는 나이 불문이다.

젊은 꼰대는 답도 없다. 누구나 꼰대가 될 수 있다.

나도 꼰대일 수 있음을 인정하자.

꼰대는 공감의 문제다.

공감 능력을 향상시키자. 공감 능력은 긍정 정서에서 유발된다.

과학적인 방법으로 접근하라.

이에 다음과 같은 다짐을 하길 호소하는 바이며,

꼰대 탈출 진리로 받아들이길 바란다.

시간과 노력을 투자해 트렌디함을 배워라

직언 클럽을 만들어라

주변에서 역멘토를 찾아라

다양한 직업군의 인맥을 넓혀라

다양한 연령대의 친구를 사귀어라

다양한 커뮤니티의 사람들과 교류하라

매일 감사일기를 작성하라

일주일에 세 번, 20~30분 운동하라

불안(부정적인 마음)은 긍정 정서를 방해한다. 명상하라

젊은 꼰대가 온다

제1판 1쇄 발행 2022년 3월 1일

제1판 6쇄 발행 2024년 6월 5일

지은이 이민영

펴낸이 나영광

책임편집 김영미

편집 정고은

영업기획 박미애

디자인 강수진

펴낸곳 크레타

출판등록 제2020-000064호

주소 경기도 고양시 덕양구 청초로 66 덕은리버워크 B동 1405호

전자우편 creta0521@naver.com

전화 02-338-1849

팩스 02-6280-1849

포스트 post.naver.com/creta0521

인스타그램 @creta0521

ISBN 979-11-977842-0-0 03320